مَدخَلٌ إِلى العَرَبِيَّةِ الفُصْحَى
بِالقُرآنِ

Intermediate Level

Volume II

مُقَرَّر دراسي للمُسْتَوى المُتَوَسِّط

Learn Modern Standard Arabic

Through Quran

Answer Keys

Teacher Book

كتابُ المعلِّم

Second Edition   الطَّبْعَةُ الثانية

مُقَدِّمَة

كتابُ " مَدْخَلٌ إلى اللُّغَةِ العَرَبِيةِ الفُصْحى" **الجُزءُ الثاني**، يُعلِّمُ القِراءَةَ والفَهمَ المُباشِرَيْنِ مِنَ القرآنِ الكَريمِ، ويَسْتَهدِفُ المستوى المبتدئ الأعلى مِنْ مُتَعَلِّمِي اللُّغةِ العَرَبِيةِ:

مقترحات لتدريس الكتاب

في هذا الكتابِ، يجد المعلّم مادة كافية ومتنوّعة ومشوّقة من التمارين والتي من خلالها ربما لا يحتاج إلى تحضير مسبق للمادة، فالكتاب يشرحُ نفسه، ويمكن للمعلّم أن يأخذ بهذه الاستراتيجيات أو بعضها أويزيد عليها.

1- يقدِمُ المعلّم تعريفاً بالسُورة القرآنية - من خلال المقدمة باللغة الإنجليزية المبسَّطة في أوّل الدرس- ويمكن قراءتها، أو يطلب من التلاميذ قراءتها، ويتطرَّق إلى **شرح المعنى** العام أو الإجمالي للأيات الكريمة، بالإضافةِ إلى **شرحِ أسباب نزولِ** الأيات أو السُوَرِ القرآنية.

2- - ينتقل المعلم إلى المفردات الجديدة، وهنا يعرف الطالب أنَّ هذه هي مفردات النص الأدبي، وقد وضِعَتْ لفهم القطعة الأدبية، والتي قد أستخدَم المؤلِّفُ فيها مفردات السورة، لكن من خلال حكاية أو نصٍّ أدبيٍّ مُعَدٍّ خِصّيصاً ليخدم الأهداف. ويطلب من التلاميذ حفظ المفردات قدر المستطاع قبل تناول النصّ الأدبي.

3- يطلب المعلم من التلاميذ قراءةَ النص الأدبي بمفردهم في البيت، وفي الصف يقوم بتقسيم التلاميذ إلى مجموعات ثنائية للقراءة الثانية، وبعدها يقوم المعلم بطرح أسئلة حول مضمون النص، ثم يطلبُ من التلاميذ العمل في مجموعات ثنائية تختلف عن سابقتها، للقراءة المركَّزة لفهم تفاصيل دقيقة في النص.

4- يتأكد المعلم أنّ التلاميذ يستطيعون قراءة كل كلمة في النص الأدبي، وهذا شرط للإنتقال إلى الخطوة التالية.

5- يتأكد المعلم من أنّ التلاميذ يستطيعون كتابة كل كلمة في النص الأدبي، **وهذا شرط للإنتقال إلى الخطوة التالية.**

6- يقوم المعلم بالإشراف على تلاميذه أثناء حل التمارين الموجودة في الوحدة التالية للنص الأدبي، ويمكن له أن يجعل الفصل ملعباً للفوز والسباق والمنافسة. وبعد أن تنتهي التمارين، يطلب المعلم من التلاميذ أن يقرأوا السورة المحدّدة مباشرةً من الكتاب.

7- المرحلة قبل الأخيرة، يطلب المعلم من التلاميذ أن يمثلوا الحوار الذي جاء في النصّ الأدبي المحدّد في الكتاب، مع مراعاةِ التناوب في لعب الأدوار فيما بينهم.

8- من الجدير ذكره هنا أنّ المعلم سيجد في كل وحدة دراسية تدريباً خاصاً **بالجذور**. والغاية منها هي تدريب التلاميذ على تجريد المفردات من الحروف الزائدة فيها بمساعدة المعلم . لقد عمِد المؤلف لمحاولة تعريض التلاميذ إلى هذا الباب والذي جعلنا الفعل الثلاثي وهو أبسط الأفعال وأيسرَها مدخلاً لهذا النشاط اللغوي.

أخيراً وليس آخراً أن الاستراتيجية قام عليها كتاب تعليم اللغة العربية بالقرآن ، من خلال نصٍّ أدبي له علاقة حقيقية ومناسبة لواقع الأجيال وحياتهم واهتماماتهم المعاصرة، مستخدماً مفردات النصوص والآيات القرآنية ذاتها في كل وحدة. وبعد أن يتمكن الطالب من الفهم والطلاقة في القراءة والكفاءة في الكتابية، يُطلبُ منه أن يقرأ السورة القرآنية من كتاب الله مباشرة، كذلك شرح المعني وأسباب النزول.

9- **يحتوي هذا الإصدار الجديد على مواد سمعية وبصرية** لكل سورة قرآنية بالترتيل لأحد قرّاء القرآن الكريم، كذلك أفلام فيديوهات **للقراءة النموذجية من خلال الأداء المثيلي للحوارات** أو النص الأدبي لكل وحدة من الوحدات الدراسية تُمتِعُ الدارس، ويمكن الدخول إلى هذه المواد من خلال **الرابط التالي :**

https://sibaway.net/book-v2-videos-and-audios/

أو من خلال استخدام (الكيو آر) الموجود على الغلاف الخارجي .

نسألُ اللهَ تعالى أن ينفعنا بما علَّمَنا وينفعَ بنا إنه سميعٌ مجيبُ الدعاء .

واللهُ مِنْ وراءِ القصدِ

المؤلف

نورث كارولينا/ الولايات المتحدة الأمريكية

TABLE OF CONTENTS

Al Fatiha

فاتِحةُ الكِتابِ

اقْرَأُوا الجُزْءَ الأوَّلَ

قَيْسٌ: سَمِعتُكَ يا عَبداللهِ تَقْرَأُ فِي الرَّكْعَتَيْنِ الأولَيَيْنِ الفاتِحَةَ بِصَوْتٍ مَسْمُوعٍ!

عَبدُاللهِ: نَعَمْ،إنَّنا فِي كُلِّ صَلَواتِنا نَقْرَأُ الفاتِحَةَ، وفي صَلَواتِ الفَجْرِ والمَغْرِبِ والعِشاءِ ، وصلاةِ الجُمْعَةِ والعِيدين في كلِّ هذه الصَّلَوات نَجْهَرُ في قِراءَتِها بِصَوْتٍ مَسْمُوعٍ، ونَحْنُ فيها نُناجِي اللهَ تَعالى.

قَيْسٌ: كَيْفَ نُناجِي اللهَ جَلَّ جَلالُهُ يا عَبداللهِ؟

عَبدُاللهِ: يا قَيْسُ فِي كُلِّ رَكْعَةٍ نَحْنُ نَشْكُرُ اللهَ و نَحْمَدُهُ، ونَقُولُ: "الحَمْدُللهِ رَبّ العالَمينَ"،وفِي هَذِه الآيَةِ، لا يَكُونُ الحَمْدُ والشُّكْرُ لأَحَدٍ غَيْرِ اللهِ عَزَّ وَجَلَّ، ولا مَعْبُوداً غَيْرَ"الرَّحْمَنِ الرَّحِيمِ" ولا مالِكاً إلاَّ "مالِكِ يَوْمِ الدِّينِ".

قَيْسٌ: نَعَمٌّ يا عَبداللهِ؟

عَبدُاللهِ: نَحْنُ نَعبُدُ اللهَ تَعالَى، ولا نَعبُدُ إلاَّ إياهُ، ولا نَسْتَعينُ بِأَحَدٍ سِواهُ.

قَيْسٌ: نَعَمٌّ ..نَعَمٌّ ، ونَحْنُ نَسأَلُ اللهَ، ونَطْلُبُ مِنْهُ في كُلِّ صَلاةٍ، أَنْ يُرْشِدَنا إلَى طَرِيقِ الحَقِّ، ويُوَفِّقَنا إلى طاعَتِهِ، حَتَّى نَنالَ رِضاهُ ونَفُوزَ بِجنَّتِه.

عَبدُاللهِ: نَعَمٌّ ياصَدِيقِي اللَّهُمَ" أهْدِنا الصِّراطَ المُسْتَقيمَ صِراطَ الَّذينَ أَنْعَمْتَ عَلَيْهِم غَيْرِ المَغْضُوبِ عَلَيْهِم ولا الضَّالِّينَ".

قَيْسٌ: آمِين .. اللَّهُمَ استَجِبْ يا خَيْرَ سَميع ويا نِعْمَ مُجِيبٍ.

<table>
<tr><td>

1- كانَ يَقْرَأُ عَبدُالله فِي الرَّكْعَتَيْنِ الأُولَيَيْنِ الفاتحة بصوت مسموع.

2- يَكُونُ الحَمْدُ كُلُّ الحَمْدِلله رَبِّ العالمين.

3- يَسْتَعِينُ العَبْدُ المُؤْمِنُ بالله.

4- الهِدايَةُ التِي يَطْلُبُها العَبْدُ مِنْ رَبِّهِ هِي هداية السراط المستقيم.

5- الصِّراطُ المستقيم الّذي أَنْعَمَ الله به علينا هو دين الإسلام.

</td><td>

1- ماذا كانَ يَقْرَأُ عَبدُالله فِي الرَّكْعَتَيْنِ الأُولَيَيْنِ؟

2- لِمَنْ يَكُونُ الحَمْدُ كُلُّ الحَمْدِ؟

3- بِمَنْ يَسْتَعِينُ العَبْدُ المُؤْمِنُ؟

4- ما هِيَ الهِدايَةُ التِي يَطْلُبُها العَبْدُ مِن رَبِّهِ؟

5- ما هُوَ الصِّراطُ الّذي أَنْعَمَ الله بِهِ عَلَيْنا؟

</td><td>

1-

</td></tr>
</table>

[2]-Grammar ‑مَحَطّة قواعد ‑Sign

<u>الحَمْدُ لله رَبِّ العالَمِينَ</u>

Why "الحمدُ" has dhumma in the end of the word? The answer is : whenever we strart any sentence in Arabic with nouns we should give that noun Dhumma !!

‑ قالَ الله تَعالَى : [الشَّمْسُ والقَمَـرُ بِحُسْبانٍ] سُورَةُ الرَّحْمَنِ

‑ قالَ تَعالَى : [مُحَمَّـدٌ رَسُولُ اللهِ والّذِينَ مَعَهُ أَشِدَّاءُ عَلَى الكُفَّارِ] سُورَةُ الفَتْحِ

يطلبُ من التلاميذ أَنْ يعمَلُوا تَماماً كَما فِي المِثالِ السَّابِقِ:

Put the prober Damma above the last letter on each word: لِيضَعْ التلاميذ الضَّمَّةَ عَلَى الحرف الأخير

الزَيتُونُ شَجَرَةٌ مُبارَكَةٌ ‑ المُسْلِمُ صادِقٌ أَمِينٌ ‑ القُرآنُ رِسالةٌ سَماوِيَّةٌ

[3] جَذْرُ كَلِمَةِ :

" المَغْضُوب " : ___ غَضِب ___

[4] يستخدم التلاميذُ جَذْرَ الكَلِمَةِ السَّابِقةِ ونضعهُ فِي الفراغ التالي في الجمل التالية:

مِنْ قَوْلِ اللهِ تَعَالَى : [يَا أَيُّهَا الَّذِينَ آمَنُوا لَا تَتَوَلَّوْا قَوْمًا .... اللَّهُ عَلَيْهِمْ]

[يَا أَيُّهَا الَّذِينَ آمَنُوا لَا تَتَوَلَّوْا قَوْمًا غَضِبَ اللَّهُ عَلَيْهِمْ] المُمْتَحِنَة (13)

ـ الحَدِيثُ الشَّرِيفُ: "الصَّدَقَةُ تُطْفِئُ غَضَبَ الرَّبِّ ".

ـ تَجَنَّبْ غَضَبَ الأُمِّ.

ـ خَرَجَ الرَّجُلُ مِنْ بَيْتِهِ غَضْبانُ .

ـ لَيْسَ الشَّدِيدُ بالصُّرَعَةِ إِنَّما الشَّدِيدُ الَّذِي يَمْلِكُ نَفْسَهُ عِنْدَ الغَضَبِ.

ـ قَرَارُ المَحْكَمَةِ أغْضَبَ الحاضِرينَ.

يَهْدِهِ ـ شُرُورِ ـ نَحْمَدُهُ ـ هَادِيَ ـ نَسْتَعِينُهُ ـ أَعْمالِنَا

جاءَ في مُقَدِّمَةِ خُطْبَةِ حجَّةِ الوَداعِ للرَّسُولِ الكَرِيمِ صلَّى اللهُ عَلَيْهِ وسلَّمَ وقَدْ استَهَلَّها قائلاً: "إنَّ الْحَمْدَ لِلَّهِ نحمَدُهُ وَنَسْتعينهُ وَنَسْتَغْفِرُهُ، ونَتُوبُ إِليهِ، وَنَعُوذُ بِاللَّهِ مِنْ شُرُورِ أَنْفُسِنَا وَمِنْ سَيِّئَاتِ أعمالِنا، مَنْ يَهْدِهِ اللَّهُ فَلا مُضَلَّ لَهُ وَمَنْ يُضْلِلْ فَلا هادِيَ لَهُ وَأَشْهَدُ أَنْ لا إِلَهَ إِلاَّ اللهُ وَحْدَهُ لا شَرِيكَ لَهُ وَأَشْهَدُ أَنَّ مُحَمَّدًا عَبْدُهُ وَرَسُولُهُ. أُوصِيكُم عِبادَ اللهِ بِتَقْوَى اللهِ........." .

6- يُطلبُ مِنَ التلاميذِ حَلَّ لُغزِ الكلماتِ المتقاطعةِ في المُرَبعات التالية

Crossword Game

Crossword Game

د 4	م 3	ح 2	أ 1
	هـ 7	ل 6	ل 5
ل 11	ا 10	ي 9	ل 8
		م 13	هـ 12

مِنْ أَسْماءِ الرَّسُولِ ﷺ * 1-2-3-4

* 1-5-8 -12 (ثاني كَلِمَةٍ في سُورَةِ الفاتِحَةِ)

* 5-6-7 (The meaning of "to Allah.")

* 8-9-10-11 Plural of "Night" in Arabic.

* 12-13="They" in Arabic.

* 2-6-9-13=One of the 99 names of Allah.

10-7-3 =Girl Name

[7] **Fill in the blanks using either** هَذِه **(F) or** هَذا **(M) or** هَؤُلاءِ **for plural**

يطلب من التلاميذ أَنْ يمْلأُوا الفَراغَ (هَذا) لِلمُذَكَّر أَو (هَذِه) للمُؤنَّث أَو (هَؤُلاءِ) للجَمْع

ويعْمَلُوا تَماماً كَما في المِثال التالي:

اعْمَلُوا تَماماً كَما في المِثال التالي :

- ..... يوْمٌ صَعْبٌ   هَذا يوْمٌ صَعْبٌ.

- ..... سُورَةُ الفاتِحَةِ   هَذِه سُورَةُ الفاتِحَةِ.

- هَذا هــو بَيْتُ اللهِ الحَرامِ الكعْبَةُ المُشَرَّفَةُ .

- هــذه سُنَّةُ اللهِ في خَلْقِهِ.

- يا مُحَمَّدُ انْظُرْ هــذا مِثالٌ عَلَى ذَلِكَ.

- اقْرَأْ يا وَلَدي هــذه الآياتِ الكَريمَةَ.

- هَلْ هــذا هُوَ الامْتِحانُ الأَخِيرُ؟.

Using (غَيْر) **is the word that means except** **[7]**

يطلبُ مِن التلاميذِ أن يعْمَلُوا تَماماً كَما في المِثالِ التالي:

: [صِراطَ الَّذِينَ أَنْعَمْتَ عَلَيْهِم ....المَغْضُوب عَلَيْهم وَلا الضَّالِّينَ]الفاتِحَة

[صِراطَ الَّذِينَ أَنْعَمْتَ عَلَيْهِم غَيْرِ المَغْضُوبِ عَلَيْهم وَلا الضَّالِّينَ]

ـ أُرِيدُ كِتاباً ....هَذا الكِتابِ؟

ـ العُمْرَةُ غَيْرُ الحَجِّ؟

ـ الَّذِينَ يَعْمَلُونَ غَيْرُ الَّذِينَ لا يَعْمَلُونَ؟

ـ زَكاةُ الفِطْرِ غَيْرُ زَكاةِ المالِ.

ـ هَذا الصَّيْفُ تَغَيَّرَ كَثِيراً هَذِهِ السَّنةَ، فَهُوَ غَيْرُ الصَّيْفِ الَّذي نَعْرِفُهُ.

[8]Conjugate the verb أَمْنَع with the pronouns: صَرِّفُوا الفِعْل مَعَ الضَّمائِر

أَنا أَمنعُ- أَنتَ تمنعُ- أَنتِ تمنعِينَ- هو يمنعُ- هي تمنعُ- أَنتم تمنعونَ- نحنُ نمنعُ- هم يمنعون.

---

[9]

Classwork تَدرِيبٌ صَفِّيٌّ

Listen carefully to your teacher and write down in the boxes *[The teacher will dictate*

يسْتَمِعُ التلاميذُ إلى الكَلِماتِ مِنَ المُعَلِّمو ويكْتُبُوها في المربعات الخالية *from the original text]*

	meanings		
سُورَةُ الحَمْدِ هِيَ	(3)	(1)	الَّذِينَ غَضِبَ اللهُ عَلَيْهِم
رَبُّ العالَمِينَ	(6)	(2)	هُوَ الطريقُ القويمُ وسبيلُ الحق
يومُ الدِّينِ	(4)	(3)	هي سُورَةُ الفاتِحَةِ
بِسْمِ اللهِ الرَّحْمَنِ الرَّحِيمِ	(5)	(4)	هـو يومُ القيامةِ
الصِّراطُ المُسْتَقِيمُ	(2)	(5)	البَسْمَلَة
المَغْضُوبُ عَلَيْهِم	(1)	(6)	هُوَ الرحمنُ الرحيم

يقْرَأوا التلاميذ ويمْلأوا الفَراغَ بِكَلِماتٍ مِنَ النَّصِّ التالي

[11]

Read and fill in the blank from the word bank

طَعاماً ـ أوْقاتِها ـ يُكْذِّبُ ـ الماعُون ـ القِيامة ـ المِسْكِين ـ يَخافُ ـ يَنْحَر

المُسْلِمُ الذي يُصَلِّي الصَّلاةَ بِخُشُوعٍ فِي **أوْقاتِها**، ويَصُومُ رَمَضانَهُ، **ويخافُ** مِنَ اللهِ ولا **يُكْذِّبُ** أَبَداً. هُوَ المُؤمِنُ الَّذِي يُصَدِّقُ بِيَوْمِ **القيامةِ** ولا يَدُعُّ اليَتِيمَ، وهُوَ الَّذِي يَحُضُّ عَلَى طَعامِ **المِسكينِ**. ويَرَى بَعْضُ المُفَسِّرِينَ: أنَّ مِنْ أسْبابِ نُزُولِ سُورَةِ **الماعون**، أنَّ أحَدَ أَغْنِياء قُرَيْشٍ كانَ **يَنْحَرُ** جَمَلَيْنِ كُلَّ أُسْبُوعٍ، ومَرَّةً جاءَهُ صَبِيٌّ يَتِيمٌ يَطْلُبُ **طَعاماً** فَنَهَرَهُ بِالعَصاةِ، فَحَزِنَ اليَتِيمُ وعادَ مُنْكَسِراً، فَنَزَلَتْ السُورَةُ الكَرِيمَةُ.

أ ـ (1) أَوَّلُ سُورَةٍ فِي القُرآنِ الكَريمِ البَقَرَةُ (2) سُورَةُ الفاتِحَةِ (3) سُورَةُ النَّاسِ .

ب ـ (1) لا تَجوزُ الصَّلاةُ مِنْ غَيْرِ الفاتِحَةِ (2) تَجوزُ الصَّلاةُ مِنْ غَيْرِ الفاتِحَةِ (3) غَيْرُ مُتَأَكِّد .

ج ـ (1) سُورَةُ الفاتِحَةِ ثَناءٌ عَلَى اللهِ ودُعاءٌ (2) هِيَ إقرارٌ بالعُبوديةِ (3) الإجاباتُ كُلُّها صَحيحَةٌ .

و ـ (1) الفاتِحَةُ أَوَّلُ سُورَةٍ نَزَلَتْ (2) آخِرُ سُورَةٍ نَزَلَتْ (3) كانت عطاءُ الله هَدِيَّةً للنَّبيِّ مُحَمَّدٍ مَعَ الصَّلاةِ فِي رِحْلَةِ الإِسْراءِ والمِعْراج

هـ ـ الصِّراطُ المُسْتَقيمُ هُوَ طريقُ الهِدايَةِ و الحَقِّ والفَضيلَةِ (2) هُوَ طريقٌ أَحَدُّ مِنَ السَّيْفِ وأَدَقُّ مِنَ الشَّعْرَةِ يُنْصَبُ يَوْمَ القيامَةِ ويَمُرُّ عَلَيْهِ العِبادُ (3) الإجابَتانِ صَحيحَتانِ

An-Naas

سُورَةُ النَّاسِ

بِسْمِ اللهِ الرَّحْمَنِ الرَّحيمِ

1. قُلْ أَعوذُ بِرَبِّ النَّاسِ
2. مَلِكِ النَّاسِ
3. إِلَهِ النَّاسِ
4. مِنْ شَرِّ الْوَسْواسِ الْخَنَّاسِ
5. الَّذي يُوَسْوِسُ في صُدُورِ النَّاسِ
6. مِنَ الْجِنَّةِ وَالنَّاسِ.

النَّاسُ و الخَنَّاسُ

الجَدُّ: يا عَبدَاللهِ ياوَلَدِي.. إنْ تَوَكَّلْتَ عَلَى رَبِّ النَّاسِ، واسْتَعَنْتَ بِمَلِكِ النَّاسِ ، فَإِنَّ اللهَ سَيَكْفِيكَ.

عَبدُالله : وكَيْفَ يَكْفِينِي اللهُ ياجَدِّي؟

الجَدُّ: سَأُعَلِّمُكَ يا وَلَدِي واحِدَةً مِنَ السُّوَرِ القَصِيرَةِ الَّتِي تَحْفَظُكَ بِإذْنِ اللهِ.

عَبدُالله: تفَضَّلْ ياجَدِّي عَلِّمْنِي فَإِنَّنِي أَسْمَعُكَ.

الأسئلة	أجِيبُوا عَنْ الأسئلةِ :
[1]	1- عَلَى مَنْ يَتَوَكَّلُ عَبدُالله؟ وبِمَنْ يَسْتَعِينُ؟
	2- ماذا يُرِيدُ الجَدُّ أَنْ يُعَلِّمَ عَبدَالله؟
	3- ماذا يَحْدُثُ إذا تَوَكَّلَ عَبدُاللهِ عَلَى أَحَدٍ غَيرِاللهِ؟
	4- لِماذا يُرِيدُ الجَدُّ أَنْ يُعَلِّمَ عَبدَاللهِ ذَلِكَ؟

الإِجابَةُ عَنْ الأسئلَةِ :

1- يَتَوَكَّلُ عَبدُاللهِ على ربِّ الناسِ، ويَسْتَعِينُ بمَلِكِ الناسِ.

2- يُرِيدُ الجَدُّ أَنْ يُعَلِّمَ عَبدَاللهِ سور الناسِ.

3- إذا تَوَكَّلَ عَبدُاللهِ عَلَى أَحَدٍ غَيرِاللهِ، فإنّه سوف لَنْ يُفْلِح.

4- يُرِيدُ الجَدُّ أَنْ يُعَلِّمَ عَبدَاللهِ سورةً تحفظُه من الأشرار.

مَحَطَةُ قَواعِد -Sign **[2] Grammar**

إنْ تَوَكَّلْتَ عَلَى رَبِّ النَّاس

Meaning: If you trust the Lord of the people.....?

This is a conditional sentence form.

...... تَتَوَكَّلْ عَلَى اللهِ .... بِإذْنِ اللهِ (إنْ - تنْجَحْ)

[إنْ تَتَوَكَّلْ عَلَى اللهِ تنْجَحْ بِإذْنِ اللهِ]

- إنْ تَحْضُرْ الصَّلاةَ مُبَكِّراً تُدْرِكْ معَنا الصَّلاةَ جَماعَةً (إنْ) (تُدْرِكْ)
- إنْ تَرْكَبْ طائِرَةً تَصِلْ مُبَكِّراً

- إنْ يَأذَنْ لي والِدي اللَّيْلَةَ أذْهَبْ مَعَكَ إلى المَطارِ

- إنْ تَخْرُجْ أُمّي مِنَ المُسْتَشْفَى اليَوْمَ نحتَفِلْ بِإذْنِ الله.

- إنْ نَذْهَبْ إلى الجِبالِ نَسْهَرْ هناكَ اللَّيْلَ كلَّهُ.

- إنْ يسقُطْ الثَّلجُ نُشَكِّلْ رَجُلَ الثَّلج.

(2)

اقرأوا الجزءَ الثاني

الجَدُّ: يا عَبدَالله .. إذا أصابَكَ ضَجَرٌ، أو ضاقَ بِكَ الصَّدرُ يَوْماً، أوْأصابَكَ مَسٌّ مِنَ الشَّيْطانِ فَلا تَغْضَبْ، واسْتَعِذْ بِاللهِ إلهِ النَّاسِ، مَلِكِ النَّاسِ، مِنْ شَرِّ كُلِّ وَسْواسٍ خَنَّاسٍ، يُوَسْوِسُ لَكَ في الصُّدُورِ، سَواءٌ أكانَ ذلِكَ مِنَ الجِنِّ، أوْكانَ ذلِكَ مِنَ النَّاسِ..!

عبدُالله: سَأفْعَلُ ياجَدّي يَحْفَظْكَ اللهُ، سَأفْعَلُ بِإذْنِ الله.

أَجِيبُوا عَنِ الأَسْئِلَة :

1- ما هُوَ الوَسْواسُ الخَنَّاسُ؟

2- هَلِ الوَسْواسُ مِنَ الجِنَّةِ أَمْ مِنَ النَّاسِ؟

3- ماذا تقُولُ إذا أَصابَكَ ضَجَرٌ أَوْ ضاقَ صَدْرُكَ؟

4- ماذا تَقُولُ إذا أَصابَكَ مَسٌّ مِنَ الشَّيْطانِ؟

5- أَيْنَ يُوَسْوِسُ الوَسْواسُ الخَنَّاسُ؟

6- لِماذا يُوَسْوِسُ لَنا؟

الإِجابة :

1- الوَسْواسُ الخَنَّاسُ هو الذي يوسوس في صدور الناس.

2- الوَسْواسُ مِنَ الجِنَّةِ و مِنَ النَّاسِ؟

3- إذا أَصابَكَ ضَجَرٌ أَوْ ضاقَ صَدْرُكَ، لا تَغْضَب واستعذْ بالله من الشيطان.

4- إذا أَصابَكَ مَسٌّ مِنَ الشَّيْطانِ قُلْ أعوذُ بالله من الشيطان الرجيم.

5- يُوَسْوِسُ الوَسْواسُ الخَنَّاسُ في الصُّدورِ.

6- يُوَسْوِسُ لَنا لِيُخرِجنا عن الصراط المستقيم.

[2] يُطلَبُ مِنَ التلاميذِ أَنْ يجِدُوا جُمَلاً فيها أَداةُ الشَّرطِ وجُمْلَتَها في النَّصِّ مِنَ الجُزءِ الثَّاني

Find out the conditional sentences in the second part of the text (Lesson).

ـ **إِذا أَصابَكَ ضَجَرٌ فَلا تَغْضَبْ**

ـ **أَوْ إِذا ضاقَ بِكَ الصَّدرُ يَوْماً فَلا تَغْضَبْ** ـ **إِذا أَصابَكَ مَسٌّ مِنَ الشَّيْطانِ فاستعذْ بالله.**

المِثال التالي :

‏- .... مَسٌّ مِنْ الشَيْطان   هَذا مَسٌّ مِنْ الشَّيْطان/-.... سُورَةُ النَّاسِ   هَذِهِ سُورَةُ النَّاسِ .

‏- هَذا ضَجَرٌ مِنَ الشَّيْطان.

‏- هَذا هُوَ الوَسْواسُ الخَنَّاسُ.

‏- لا تَتَضايَقْ هَذه الوَساوِسُ شَيْطانِيّةٌ.

‏- هَذه جِنّةٌ .

‏- هَذا جِنٌّ .

‏- إِذا أَصابَكَ ضَجَرٌ فاعْلَمْ أَنَّ هَذا شَرٌّ اسْتَعِذْ بِاللهِ مِنْهُ.

أَساليبُ وتَراكيبُ جَدِيدَةٌ

Use I seek refuge to Allah from أَعُوذُ بِاللهِ مِنَ **.... As follows:**

[4]

يطلب من التلاميذِ أن يعْمَلُوا تَماماً كَما فِي المِثالِ التالي:

‏.......... مِنَ الشَيْطانِ الرَّجِيمِ   -   <u>أَعُوذُ بِالله</u> مِنَ الشَّيْطانِ الرَّجِيمِ

‏- أعُوذُ بِاللهِ مِنْ شَرِّ ما خَلَقَ.

‏أعوذُ بِاللهِ مِنْ شَرِّ الوَسْواسِ الخَنَّاسِ .

‏أعوذُ بِاللهِ مِنَ الخُبْثِ والخبائِثِ .

‏أعوذُ بِاللهِ مِنْ شَرِّ غاسِقٍ إِذا وَقَبَ .

‏أعوذُ بِاللهِ مِنَ الشيطانِ الرجيم - أعوذُ بِاللهِ مِن شَرِّ حاسِدٍ إِذا حَسَد - أعوذُ بِاللهِ مِنَ الغَيْبَة.

يَطلُبُ المعلِّمُ من التلاميذِ أن يَستمعوا إلى الكلماتِ التي يُمليها عليهم ويكتبوها في المربعات

حَفِظَ

[6] يَستخرجُ التلاميذُ جَذْرَ كَلِمَةِ (يَحْفَظُكَ)

[7] لِيعْمَلُوا مِنْ حُروفِ جَذْرِ الكَلِمَةِ [حَفِظَ..........] مُفرداتٍ جَديدةً ويَضَعوها في المَكانِ الخالي في الجُمَلِ التاليةِ:

ـ حَديثٌ شَريفٌ : " احْفَظْ اللهَ يحفَظْكَ " .

ـ اللّهُمَ احفَظْ بِلادَ المُسلمينَ .

ـ أَنا أَحفَظُ سُورَةَ الرَّحْمَنِ كامِلةً .

ـ مِنْ أَسماءِ اللهِ الحُسْنَى **الحافِظ والحفيظ** .

ـ هَذِهِ الآيـاتُ تَعَلَّمْناها السَّنَةَ الماضيةَ وهيَ الآنَ سَهْلَةً جداً **ونحفَظُها غَيْباً** .

[8]**Match with the correct meanings** : لِيصِلُوا ما بَيْنَ الجُمَلِ والمُفرَداتِ ولِيكوّنوا عِباراتٍ ذاتَ مَعْنىً

(1)	مَسٌّ مِنَ الشَّيْطانِ	(2)	أَعُوذُ بِاللهِ مَعْناها
(2) I seek refuge in Allah		(1)	وَإذا أَصابَكَ مَسٌّ
(3)	ضَجَرٌ	(8)	أَكانَ وَسْواسٌ
(4)	رَبِّ النّاسِ	(6)	مِنْ شَرِّ كُلِّ
(5)	الصَّدْرُ	(4)	تَوَكَّلْتُ عَلَى اللهِ
(6)	وَسْواسٍ خَنّاسٍ	(7)	أعوذُ بِاللهِ مِنَ
(7)	مِنَ الشَّيْطانِ الرَّجيمِ	(5)	أو ضاقَ بِكَ
(8)	مِنَ الجِنّ أو مِنَ النّاسِ	(3)	إذا أَصابَكَ

النَّاسِ – صُدُورِنا – مِنْ شَرِّ – إلهِ – الشَّيْطانِ – وَسْواسِ-الرَّجِيمِ

سَمِّ بِاللهِ ياعَبْدَاللهِ دائماً، وأَبْدأ بِسْمِ اللهِ الرَّحْمَنِ الرَّحِيمِ **إلهِ** النَّاسِ. وإذا أَصَابَكَ مَسٌّ مِنَالشيطان، فَقُلْ أَعُوذُ بِاللهِ مِنَ **الشَّيْطانِ** الرَّجِيمِ، **مِنْ شَرِّ** كُلِّ وَسْواسٍ خَنَّاسٍ، يُوَسْوِسُ لَنا في **صدورنا**، سَواءٌ أَكانَ هَذا وسواسٌ مِنَ الجِّنِ أَوْ كان وَسْواسٌ مِنَ **النَّاسِ** ، واقْرَأ دائماً سُورَتَيِ النَّاسِ والفَلَقِ، فإنَّهُ بِإذْنِ اللهِ يَحمِيكَ اللهُ مِنَ السِّحْرِ والحَسَدِ.

أَسالِيبُ وتَراكِيبُ جَدِيدَة

[10] : أَنا اسْتَعِيذُ بِاللهِ مِنَ الوَسْواسِ .... مِنَ الجِنَّةِ،..... .....مِنَ النَّاسِ

أَنا اسْتَعِيذُ بِاللهِ مِنَ الوَسْواسِ **سَواءٌ أَكانَ** مِنَ الجِنَّةِ، **أَوْ كانَ** مِنَ النَّاسِ

وليَعْمَلُوا تَماماً كَما في المِثالِ السَّابِقِ:

- أُرِيدُ أَنْ أُسافِرَ إلى القاهِرَةِ سَواءٌ أَكانَ في الصَّيْفِ **أَوْ كانَ** في الشِّتاءِ

- الامْتَحانُ يَحْتاجُ إلى دِراسَةٍ سَواءٌ أَكانَ سَهْلاً **أَوْ كانَ** صَعْباً.

- دائماً أُمّي تُقَدِّمُ لِيَ الحَلِيبَ سَواءٌ أَكانَ فُطُوراً **أَوْ كانَ** عَشاءً.

- أُحِبُّ أَنْ أَحْفَظَ آياتٍ مِنْ كِتابِ اللهِ سَواءٌ أَكانَ قَصِيرَةً **أَوْ كانَ** طَوِيلَةً.

- أُحِبُّ أَنْ أَشْرَبَ العَصِيرَ سَواءٌ أَكانَ بارِداً **أَوْ كانَ** حارّاً.

[11]

Match the phrases to make a meaningful sentence	لِيعمَلُوا جُمَلاً ذاتَ مَعْنًى مِنَ الجانِبيْنِ
(1) شَياطِينِ الجِنِّ والإنْسِ	إذا أَصَابَكَ مَسٌّ مِنَ الشَّيطانِ (5)
(2) عبْدُاللهِ مُؤَدَّبٌ فهُوَ يَقُولُ دائماً (4)	واحِدَةٌ مِنَ المُعَوِّذَتَيْنِ
(3) في مَكَّةَ	الوَسْواسُ يَكُونُ مِنْ (1)
(4) تَفَضَّلْ يا جَدِّي	سُورَةُ النَّاسِ (2)
(5) فَقُلْ دائماً بِسْمِ اللهِ	نَزَلَتْ سُورَةُ النَّاسِ (3)

أنا أحفظُ – أنتَ تحفظُ – هو يحفظُ – هي تحفظُ – نحن نحفظُ – أنتم تحفظون – هم يحفظون

Al Falaq

سورةُ الفَلَق

(1)

اقْرَأُوا الجُزْءَ الأَوَّلَ   يا رَبَّ الفَلَق

الجدُّ: ياوَلَدِي يا عَبْدَ اللهِ.. كَمَا إنَّ لِلنّاسِ رَبّاً، فَإنَّ هُناكَ رَبّاً لِلفَلَقِ.

عَبْدُاللهِ: وما هُوَ الفَلَقُ ياجَدّي؟

الجدُّ: الفَلَقُ يا وَلَدِي هُوَ الوَقْتُ الذي يَنسَحِبُ فيهِ اللَّيْلُ أمامَ النَّهارِ، وفيهِ تَنْشَطُ الشَّياطينُ، ويَبْدَأُ فيهِ كُلُّ صُبحٍ رِحْلَة نَهارٍ جَديدٍ.

عبْدُاللهِ: وما هُوَ الوَقْتُ الذي يَتَراجَعُ فيهِ النَّهارُ أمامَ اللَّيْلِ ياجَدِّي؟

الجدُّ: هُوَ وَقْتُ الغُرُوبِ، وهُوَ الذي تَزُولُ فيهِ الشَمْسُ شَيئاً فَشَيئاً، لِيَبْدَأَ اللَّيْلُ رِحْلَته اليَوْميةَ مِنْ جَديدٍ وهَكذا.

عبْدُاللهِ: وماذا نُسَمّي هذا الوَقْتَ ياجَدّي؟

الجدُّ: نُسَمّي هذا الوَقْتَ مِنَ النَّهارِ يابُنَيَّ "الغَسَقُ"، والغاسِقُ هُوَ اللَّيْلُ الَّذي يَصنَعُ الظَلامَ. واليَوْمَ سَأُعَلِّمُكَ يا وَلَدي سُورَةَ "الفَلَقِ"، لِتَحْفَظَكَ بإذْنِ اللهِ مِنَ الشَّيطانِ الرَّجيمِ، وشَرَّ السِّحْرِ والحَسَدِ.

عَبْدُاللهِ: تفَضَّلْ ياجَدّي وجَزاكَ اللهُ خَيْراً، فَإنّي أَسْمَعُك جَيِّداً.

[1]

الأسئلة

أَجِيبُوا عَنِ الأَسْئِلَةِ :

1- ماذا يُرِيدُ الجَدُّ أَنْ يُعَلِّمَ عبدَالله؟

2- لِماذا يُرِيدُ الجَدُّ أَنْ يُعَلِّمَ عبدَالله سُورَةِ " الفَلَق"؟

3- ما هُوَ الوَقْتُ الذي يَتَراجَعُ فِيهِ النّهارُ أمامَ اللَّيْلِ؟

4- ما هُوَ الوَقْتُ الذي يَنْسَحِبُ فِيهِ اللَّيْلُ أمامَ النّهارِ؟

الإجابة عن الأسئلةِ :

1- يُرِيدُ الجَدُّ أَنْ يُعَلِّمَ عبدَالله أنه كما للناس ربٌّ فإنَّ هنلاك ربٌّ للفلق.

2- يُرِيدُ الجَدُّ أَنْ يُعَلِّمَ عبدَالله سُورَةَ " الفَلَق" لتحفظه من شياطين الجن والإنس.

3- الوَقْتُ الذي يَتَراجَعُ فِيهِ النّهارُ أمامَ اللَّيْلِ هو الغروب ويسمى الغَسق.

4- ما هُوَ الوَقْتُ الذي يَنْسَحِبُ فِيهِ اللَّيْلُ أمامَ النّهارِ وهو الشروق ويسمى الفَلَق.

STOP

مَحَطَة قواعد- Sign- Grammar [2]

الوقتُ <u>الّذي</u> يَتَراجَعُ فِيهِ النّهار هُوَالغَسَقُ ، أمّا الغَسَقُ والفَلَقُ فهِيَ الأوقاتُ <u>التي</u> نَبْدَأُ فيها نَهارَنا ونُنْهِيه

والّتي — الّذي is a "Relative Pronouns" for the singular feminine and masculine form.

: جاءَ الطَّبِيبُ .... يُعالِجُ المَرِيضَ (الّذي - التي)

جاءَ الطَّبِيبُ <u>الّذي</u> يُعالِجُ المَرِيضَ.

جاءَتْ مَعَهُ المُمَرِّضَةُ <u>التي</u> تُساعِدُهُ. (الّذي – التي)

ـ أنا آكلُ الطّعامَ <u>الذي</u> أُحِبُّهُ. (الّذي – التي)

ـ أحْفَظُ الآياتِ <u>التي</u> أعطانا إيّاها المُعلِّمُ واجباً.

ـ تُسافِرُ عَمَّتي فاطِمةُ إلى المَدِينةِ <u>التي</u> تَعْمَلُ فيها.

ـ يُعَلِّمُني نَفْسُ المُعَلِّمِ <u>الذي</u> عَلَّمَ والِدي مِنْ قَبْلُ.

ـ شَرِبْتُ نَفْسَ الدَّواءِ <u>الذي</u> يَشْرَبُهُ أخي.

(2)

اللَّيْلُ وَالنَّهَارُ

الجَدُّ: يا عبدَالله يا وَلَدي، إذا انْسَحَبَ اللَّيْلُ وَأَقْبَلَ نَهارُ يَوْمٍ جَديدٍ، ادْعُ بِما يَفْتَحُ اللهُ عَلَيْكَ مِنْ خالِصِ الدُّعاءِ، كَأَنْ تَقُولَ مَثَلاً : يارَبُّ إنّي أَعُوذُ بِكَ مِنْ شَرِّ شَياطينِ العَتْمَةِ، وشَرَّ شَياطينِ النَّهارِ، ومِنْ شَرَّ أَشْرارِخَلْقِكَ، واحْفَظْني يا رَبُّ مِنْ سِحْرِ كُلِّ ساحِرٍ، و حَسَدِ كُلِّ حاسِدٍ .. يا اللهُ يا عَزيزُ يا جَبّارُ.

عَبْدالله: سَأَفْعَلُ ذَلِكَ ياجَدّي يَحْفَظُكَ اللهُ.

نُجيبُ عَنِ الأسئِلَةِ :

1- ماذا يَطْلُبُ الجَدُّ مِنْ عبدِالله؟

2- مَتَى يَقُولُ عبدُالله هذا الدُّعاءَ؟

3- مِنْ أيِّ شَيءٍ يَسْتَعيذُ عبدُالله؟

4- بِمَنْ يَسْتَعيذُ عبدُالله؟

5- مِنْ أيِّ شَيءٍ يَطْلُبُ عبدُالله أَنْ يَحْفَظَهُ اللهُ؟

6- اذْكُرُوا أَسْماءَ اللهِ الحُسْنَى في القِطْعَةِ السَّابِقَةِ؟

7- ماذا قالَ عَبْدالله لِجَدِّهِ؟

الإجابَةُ عَنْ الأسْئِلَةِ :

1- يَطْلُبُ الجَدُ مِنْ عبدِالله أن يَدْعُو بِما يَفْتَحُ اللهُ عَلَيْكَ مِنْ خالِصِ الدُّعاءِ.

2- يَقُولُ عبدُالله هذا الدُّعاءَ إذا انْسَحَبَ اللَّيْلُ وَأَقْبَلَ نَهارُ يَوْمٍ جَديدٍ.

3- أيِّ شَيءٍ يَسْتَعيذُ عبدُالله مِنْ شَرَّ شَياطينِ العَتْمَةِ، وشَرَّ شَياطينِ النَّهارِ، ومِنْ شَرَّ الأشْرارِ.

4- يَسْتَعيذُ عبدُالله باللهِ سبحانه وتعالى .

5- يَطْلُبُ عبدُالله أَنْ يَحْفَظَهُ اللهُ مِنْ سِحْرِ كُلِّ ساحِرٍ، و حَسَدِ كُلِّ حاسِدٍ.

6- أَسْماءَ اللهِ الحُسْنَى في القِطْعَةِ السَّابِقَةِ: الرَّبّ العزيز الجبّار.

7- قالَ عبدُالله لِجدّهِ سَأَفْعَلُ ذَلِكَ ياجَدّي يَحْفَظُكَ اللهُ.

(2) ـ لِيكتُبْ التَلاميذُ الجُمَلَ الَّتي فِيها الأَسْماءُ المَوْصولةُ في النَّصّ

Copy all the sentences that have the Relative pronouns in both part (1) & (2)

ـ هُوَ الوَقْتُ الذي يَنْسَحِبُ فيهِ اللَّيْلُ أَمامَ النَّهارِ

ـ هُوَ الوَقْتُ الذي يَتَراجَعُ فيهِ النَّهارُ أَمامَ اللَّيْل

ـ وهُوَ الذي تَزولُ فيهِ الشَمْسُ شَيْئاً فشَيْئاً

ـ هُوَ اللَّيْلُ الَّذي يَصْنَعُ الظَلامَ.

[3] Fill in the blanks using either التي (F) or الَّذي (M) يطلب من التلاميذ أن عَمِلوا تَماماً كَما في المِثالِ

ـ جاءَ جَدّي .... أُحِبُّهُ   جاءَ جَدّي الَّذي أُحِبُّهُ.

ـ جاءَتْ جَدَّتي .... أُحِبُّها   جاءَتْ جَدَّتي الَّتي أُحِبُّها.

ـ هَذا هُوَ اللَّيْلُ الذي نَنامُ فيهِ.

ـ .... هُوَ النَّهارُ الذي يُقْبِلُ عَلَيْنا كُلَّ يَوْمٍ بِنَهارٍ جَديدٍ.

ـ .... هِيَ مَخْلُوقاتُ اللهِ التي خَلَقَها.

ـ ...... هِيَ الجَنَّةُ التي وَعَدَ اللهُ عِبادَهُ المُؤمِنينَ.

ـ ...... هِيَ الأَكْلَةُ التي نُحِبُّها جَميعُنا.

[4]   أَساليبُ وتَراكيبُ جَديدَة

ليعْمَلْ التلاميذُ تَماماً كَما في المِثالِ التالي :

احْفَظْني يارَبُّ مِنْ سِحْرِ كُلِّ ساحِرِ.

ـ يا رَبُّ أحفظْ عَلَى صَلاتي مِنْ شُغْلِ كُلِّ شاغِلٍ .

ـ احفظْ يا رَبُّ قَلبيَ مِنْ وسْوَسَةِ كُلِّ وسواسٍ .

ـ أُريدُ أَنْ أَسْمَعَ قِراءَةَ كلِّ قارئٍ.

ـ أَنْتَ تَسْتَطيعُ أَنْ تَعْرِفَ كِتابَةَ كلِّ كاتبٍ .

ـ اللهُ سُبحانَهُ وتَعالى يَعْلَمُ عِلْمَ كُلِّ عالِمٍ .

5-<u>Listen carefully to your teacher and write in the boxes *[The teacher will dictate from the original*</u>

<u>يطلب من التلاميذ أن يسْتَمِعُوا إلى الكَلِماتِ ويَكْتُبُوها في المربعات *text]*</u>

[6] لِيسْتَخْرِجُوا جَذْرَ كَلِمة " يَتَراجَعُ " :

رَجَعَ

[7] اعْمَلُوا مِنْ حُرُوفِ جَذْرِ الكَلِمةِ [رَجَعَ] مُفْرَداتٍ جَديدةً وضَعُوهَا فِي المَكانِ الخَالي في الجُمَلِ التَّاليةِ:

- في كُلِّ مَرَّةٍ قَبْلَ الامْتِحاناتِ دائماً أَنا أراجِعُ دُرُوسي.

- رجَعْتُ أَنا وأُسْرَتي إلى بَلَدِ جَدّي قَبْلَ أُسْبُوعٍ.

- قالَ تَعالَى: في سُورَةِ العَلَقِ " إنَّ إلى رَبِّكَ الرُّجْعَى ".

- " الَّذينَ إذا أَصابَتْهُم مُصيبَةٌ قالُوا إنَّا لِله وَإنَّا إلَيْهِ راجِعون . " (البَقَرة-آية 156)

- بَعْدَ عُطْلَةِ الصَّيفِ يرجِعُ التَّلاميذُ إلى مَدارِسِهِم.

[8] - <u>يَصِلُ التلاميذُ مابَيْنَ الجُمَلِ والمُفْرَداتِ ويعمَلُوا عِباراتٍ ذاتِ مَعنًى Match words with the meaning</u> :

اسْمُهُ الغَسَق	(1)	إذا انْسَحَبَ اللَّيْلُ	(7)
مِنْ شَرِّ شَياطينِ اللَّيْلِ والنَّهارِ	(2)	كَما إنَّ لِلنَّاسِ رَباً	(8)
عندَ الغَسَقِ وعند الفلق	(3)	وَقْتُ الغُرُوبِ الذي تَزُولُ	(6)
واحدة مِنَ المُعَوِّذَتَينِ	(4)	وقْتُ الغُرُوبِ	(1)
سُورَةَ الفَلَقِ	(5)	سُورَةُ الفَلَقِ	(4)
فيه الشَّمْسُ شَيئاً فشَيْئاً	(6)	تَحْمينا مِنَ السِّحرِ والحَسَدِ	(5)
يُقبِلُ نهارٌ جَديدٌ	(7)	تَنْشَطُ الشَّياطينُ	(3)
فإنَّ هُناكَ رَباً لِلفَلَقِ	(8)	أَعوذُ بِالله العَظيمِ	(2)

أمْوالِهم – يَعْرِفُون – مِنْ شَرِّ – الحَسُودُ – غَيْرُ طَيِّبٍ – يَضُرُّ – مَرَضاً

الحَسَدُ هُوَ شُعُورٌ غَيرُ طَيِّبٍ، لا يُحِبُّهُ اللهُ ولا الرَّسُولُ ويَخافُ مِنْهُ النَّاسُ. وإنَّهُ كَثيرٌ مِنَ النَّاسِ لا يعرفون أنَّهُم يَحْسِدُونَ الآخَرينَ. والإنْسانُ الحَسُودُ يَضُرُّ الآخَرينَ في بُيوتِهم وفي أموالِهم وأبْنائِهم.

والحَسَدُ أيْضاً يَضُرُّ صاحِبَهُ لأَنَّهُ يَكُون مرضاً لا دَواءَ لَهُ .

أسالِيبُ وتَراكِيبُ جَدِيدَة

[10]

[وقْتُ الغُرُوبِ هُوَ الوقْتُ الَّذي تَزُولُ فيهِ الشَّمْسُ شَيْئاً فَشَيْئاً]

الآنَ اعمَلُوا تَماماً كما في المِثال السَّابِق :

- عَمَلُ الواجِبِ يَكُونُ خُطْوةً خطوة.

- تَقْطَعُ السّيّارَةُ الطَّريقَ مِيلاً ميلاً .

- أَخْتارُ الفَواكِهَ في السُّوقِ حَبَّةً حبّةً.

- تَتَساقَطُ أَوْراقُ الأَشْجارِ وَرَقَةً ورقةً.

- البَرْدُ يَزْدادُ في الشِّتاءِ دَرَجَةً درجةً.

يَعمَلُ التَّلاميذُ جُمَلاً ذاتَ مَعْنًى مِن الجانِبَيْن		11-Match the phrases	
(1) يَضُرُّ صاحِبَه أيْضاً		(1)	الحَسَدُ
(2) مِنَ السِّحْرِ وتُحَصِّنُهُ مِنَ الحَسَدِ		(5) عَبْدُالله يَسْمَعُ جَيّداً إلى جَدِّهِ لأَنَّهُ	
(3) في مَكَّة		(4)	الفَلَق
(4) هُوَ ساعَةُ بَدْءِ نَهارِ يَوْمٍ جَديدٍ		(2) سُورَةُ الفَلَقِ أيْضاً تَحْمي المُؤْمِنَ	
(5) يُريدُ أَنْ يتَعَلَّمَ		(3)	نَزَلَتْ سُورَةُ الفَلَقِ
(6) أَنَّهُ مُصابٌ بهِ	لأنَّ الحَسَدَ مَرَضٌ يُصيبُ الإنْسانَ ولا يَعْرِفُ	(6) لا يَعرِفُ الحاسِدُ أنَّهُ يَضُرُّ الآخَرينَ	

أنا أضُرُّ – أ،تَ تضُرُّ – هُوَ يضُرُّ – أنتِ تضُرِّينَ – نحنُ نَضُرُّ – أنتم تضُرُّون – هم يضُرُّون

Crossword Game

Crossword Game

ق 6	س5	غ 1
م 8	ق7	ا 2
ر 10	ف 9	م 3
		ق 4

The darkness = 1-5-6

Dark color = 1-2-3-4

The moon   = 6-8-10

scaping = 3-9-10

Stand up   =2-7-8

Ceiling = 5-7-9

بمساعدة المعلم يتخيّر التلاميذ موقفاً أو جانباً من السورة القرأنية سواء في المعاني أو أسباب النزول أو حكاية أو حديث مرتبط بالأهداف من وراء السورة القرأنية(الحسد) مثلاً ويقومون بتمثيله في الفصل أو على خشبة المسرح.

<h1 style="text-align:center">الإِخْلاصُ</h1>

<h2 style="text-align:center">مُناجاةٌ وَتَبَتُّلٌ</h2>

عَبْدُالله: هَلْ يُناجِي المُؤْمِنُ رَبَّهُ يا أُمّاهُ؟

الأُم: يا بُنَيَّ .. نَحْنُ في خُشوعِنا نُناجي اللهَ سُبْحانَهُ وتَعالَى، ونَدْعُوهُ في كُلِّ وَقْتٍ في صَلَواتِنا، وفي غَيْرِ أَوْقاتِ الصَّلاةِ. **عَبْدُالله:** لَيْتَكِ يا أُمّي تُبَيِّنينَ لِيَ ذلِكَ أَكْثَرُ؟

الأُم: المُؤْمِنُ المُخْلِصُ يا وَلَدي وكُلُّ المُؤْمِنينَ المُخْلِصينَ في عِبادَتِهم، يُناجونَ اللهَ في السِّرِّ والعَلَنِ. ولَقَدْ سَأَلَ الصَّحابَةُ يَوْماً رَسُولَ اللهِ الكَريمَ هذا السُّؤالَ وقالوا: أَقَريبٌ رَبُّنا فَنُناجيهِ، أَمْ هُوَ بَعيدٌ فَنُناديهِ؟ فَنَزَلَ قَوْلُ الحَقِّ: "وَإِذا سَأَلَكَ عِبادي عَنّي فَإِنّي قَريبٌ أُجيبُ دَعْوَةَ الدّاعِ إِذا دَعانِ فَلْيَسْتَجيبوا لي وَلْيُؤْمِنوا بي لَعَلَّهُمْ يَرْشُدونَ" (آية 186-البقرة)

يا عَبْدَالله إِنَّ اللهَ قَريبٌ سَميعٌ مُجيبُ الدُّعاءِ. ادْعُ دُعاءَ الدّاعينَ المُخْلِصينَ في كُلِّ زَمانٍ ومَكانٍ. فَإِنَّهُ في دُبُرِ كُلِّ صَلاةٍ، يَجْلِسُ المُصَلّي ويَسْتَغْفِرُاللهَ و يُسَبِّحُهُ ويُثْني عَلَيْهِ، وأَنْتَ كذلِكَ يا وَلَدي، يُمْكِنُكَ هُنا أَنْ تَدْعُوَ اللهَ بِما يَفْتَحُ اللهُ عَلَيْكَ، مِمّا تَشاءُ مِنْ خالِصِ الدُّعاءِ. وكَذلِكَ التَّوَسُّلُ بِأَسْماءِ اللهِ الحُسْنَى، فَلَقَدْ جاءَ في مُحْكَمِ التَّنْزيلِ: "وَللهِ الأَسْماءُ الحُسْنَى فَادْعوهُ بِها"، فَقُلْ مَثَلاً يا وَلَدي: اللّهُمَّ إِنّي أَسْأَلُكَ وأَنْتَ الواحِدُ الأَحَدُ، أَسْأَلُكَ اللّهُمَّ وأَنْتَ الفَرْدُ الصَّمَدُ، أَسْأَلُكَ العَفْوَ والعافِيَةَ والسَّلامَةَ مِنْ كُلِّ ذَنْبٍ، وأَنْ تَعْفُوَ عَنّا وعَنْ جَميعِ المُسْلِمينَ، إِنَّكَ أَنْتَ العَفُوُّ الكَريمُ، فَإِنَّ اللهَ يَسْمَعُكَ وأَنْتَ تُناجيهِ، ويَسْتَجيبُ لَكَ بِإِذْنِ اللهِ وأَنْتَ تَدْعوهُ.

الأسئلة

1- عَنْ أَيِّ شَيْءٍ كانَ عَبْدُالله يَسْأَلُ أَمَّهُ؟

2- أَجابَتْ أُمُّ عَبْدِالله ابْنَها؟ نَحْنُ نُناجِي اللهَ سُبْحانَهُ وتَعالَى، ونَدْعُوهُ في كُلِّ وَقْتٍ في صَلَواتِنا، وفي غَيْرِ أَوْقاتِ الصَّلاةِ .

3- هَلْ يُمْكِنُنا أَنْ نُناجِيَ اللهَ في كُلِّ وَقْتٍ وزَمانٍ؟

4- ما هُوَ بِرَأْيِكَ أَفْضَلُ ما يُمْكِنُ أَنْ يَطْلُبَهُ العَبْدُ المُؤْمِنُ مِنْ رَبِّهِ لِسَعادَةِ الدُّنْيا والآخِرَةِ؟

5- عَنْ أَيِّ شَيْءٍ سَأَلَ الصَّحابَةُ رَسُولَ اللهِ عليه الصَّلاةُ السَّلامُ؟

6- أَعْطِ مِثالاً عَنِ الوَسائِلِ لِمُناجاةِ اللهِ أَوْ سُؤالِهِ؟

7- اذْكُرْ ما تَحْفَظُ مِنْ أَسْماءِ اللهِ الحُسْنَى؟

١- كانَ عَبْدُاللهِ يَسْأَلُ أَمَّهُ هل يكلِّم المؤمن ربَّهُ أو يناجيه في السِّرِّ والعَلَنِ.

٢- ماذا أجابَتْ أُمُّ عَبْدِاللهِ ابْنَها؟

٣- نعمْ يُمْكِنُنا أَنْ نُناجيَ اللهَ في كُلِّ وَقْتٍ وزَمانٍ؟

٤- أَفْضَلُ ما يُمْكِنُ أَنْ يَطلُبُه العَبْدُ المُؤْمِنُ مِنْ رَبِّهِ لِسَعادةِ الدُّنْيا والآخِرةِ هو العفو والعافية والفوز بالجنة والنجاة من النار.

٥- سَأَلَ الصّحابةُ رَسُولَ اللهِ عن ما إذا كان ربنا قريب فنناجيه أو بعيدٌ فنناديه.

٦- من وسائل مُناجاةِ اللهِ أَوْ سُؤالِهِ أن يتوجه العبد إلى رَبِّهِ في الصلاة أو بعدها بالتقرب إلى الله والدعاء بكل ما يحب المسلم.

٧- مِنْ أَسْماءِ اللهِ الحُسْنَى ...مثال: الله العزيز الجبار المتكبر الخالق البارئ المصوِّرُ وهكذا.

مَحَطَة قواعد- Sign ‏Grammar[2]

قُلْ يا وَلَدي يا عَبْدَالله

Meaning: Say Oh' my son Oh' Abdullah ?

This is a command sentence form; by adding ياءُ النِّداءِ *calling particle* to the noun, then you develop calling form of speaking like يا عَبْدَالله as if you are saying *Oh' Abdullah*

يطلب المعلم من التلاميذ أن يعْمَلُوا تَماماً كَما في المِثالِ التَّالي:

مِثال :[.... .... اسْمَعْ ما أَقُولُهُ لَكَ]

[يا عَبْدَالله اسْمَعْ ما أَقُولُهُ لَكَ]

الآنَ اعْمَلُوا تَماماً كَما في المِثالِ السّابِقِ :

ـ يا عبدَ الله اذكُرْ اللهَ مَعَ كُلِّ أَذانٍ.

ـ إذا دَعَوْتَ اللهَ فَقُلْ دائماً يا اللهُ .

ـ كُنْتُ أَسْمَعُ والِدي دائِماً يَقُولُ لأَخي يا بُنَيَّ اسْمَعْني جَيِّداً.

ـ كانَتْ جَدَّتي دائِماً تَقُولُ لي يا وَلَدي خُذْ بِيَدي.

ـ في سُورَةِ "الكَافِرُونَ" "أَوَّلُ ما تَبْدأُ بِهِ السُّورَةُ بِـ" قُلْ يا أَيُّها الكَافِرُونَ".

<table>
<tr><td colspan="2">يُطلب من التلاميذ أن يَمْلأوا الفَراغ ويَسْتَخْدِمُوا أداةَ النِّداء
(يا)</td></tr>
<tr><td colspan="2">**[3]** The following is a group of sentences in English. Translate in Arabic to fill in the blanks in the Arabic sentences using the *calling particle* in Arabic</td></tr>
<tr><td>Oh' my God I testify</td><td>يـا اللـهُ أَشْهَدُ أَنَّكَ أنتَ الواحِدُ الأَحَدُ</td></tr>
<tr><td>Oh' Allah peace be upon Mohammad</td><td>يا ربُّ اللَّهُمَ صَلِّ وسَلِّمْ عَلَيْهِ</td></tr>
<tr><td>Oh' You Believers</td><td>"يـا أَيُّها الذينَ آمَنُوا كُتِبَ عَلَيْكُمُ الصِّيامُ"</td></tr>
<tr><td>Oh' you disbelievers</td><td>" قَلْ يا أَيُّها الكَافِرُونَ لا أَعْبُدُ ما تَعْبُدُونَ"</td></tr>
<tr><td>Oh' brother give me some water</td><td>يـا أَخي أَعْطِني شُرْبَةَ ماءٍ</td></tr>
</table>

[4] (F) Fill in the blanks using either <u>هَذِه ــ هِيَ</u>

<u>يُطلب من التلاميذ أن يعْمَلُوا تَماماً كَما فِي المِثال التالى :</u>

ـ .... دينُ اللهِ . <u>هَذا هُوَ دينُ اللهِ</u> .

ـ .... صَلاةُ العَصْرِ . <u>هَذِه هِيَ صَلاةُ العَصْرِ</u> .

ـ هـذه هِـيَ سُورَةُ الإخْلاصِ.

ـ هـذا هُـو الخالِقُ الواحِدُ الأَحَدُ.

ـ هـذه هـيَ السُورَةُ مِنَ المُعَوِّذَتَيْنِ.

ـ هـذه هـيَ أَسْماءُ اللهِ الحُسْنَى.

ـ سُورَةُ الإخْلاصِ هِـيَ سُورَةٌ مَكِّيَّة .

ـ عَدَدُ آياتِ السُورَةِ أَرْبَعُ آياتٍ .

المَطلوب أَن يَعمَلُوا تَماماً كَما في المِثالِ التالي :

[أَنا هُنا لَمْ .... وَ لَمْ ....مُنْذُ الصَّباحِ]   (أَكَلَ - شَرِبَ)

[أَنا هُنا   لَمْ   آكُلْ   وَ   لَمْ   أَشْرَبْ مُنْذُ الصَّباحِ]

والآنَ اعْمَلُوا تَماماً كَما في المِثالِ التالي :

- رَسُولُ اللهِ(صلى الله عليه وسلّم) لَمْ يَسْجُدْ لِصَنَمٍ، ولَمْ يَشْرَبْ الخَمْر(سَجَدَ- شَرِبَ)

- أَخِي مَريضٌ لَمْ يأكُلْ ولَمْ يَشْرَبْ هَذا اليَومَ (أَكَلَ – شَرِبَ)

- جَدَّتِي عَجُوزَةٌ لَمْ تقرأْ ولَمْ تكتُبْ في حَياتِها (قَرَأَ- كَتَبَ)

- المُعَلِّمَةُ جَديدَةٌ فَهِي لَمْ تُعَلِّمْ ولَمْ تعمَلْ في التَّعْلِيمِ (عَلِمَ - عَمِلَ)

- النَّبِيُّ (صلى الله عليه وسلّم) لَمْ يكتُبْ و لَمْ يقرأْ في حَياتِه (قَرَأَ- كَتَبَ)

[7] يطلب المعلم من التلاميذ أن يسْتَخْرِجُوا جَذرَ الكلمة Find out the root of the word

" يُولَدْ "

[8] لِيعمل التلاميذ مِنْ حُروفِ جَذرِ الكَلِمة السابِقة [وَلَدَ] كلماتٍ جديدةً وضَعُوها في الجُمْلِ في التَّمْرينِ التالي :

سَيِّدُنا مُحَمَّدٌ هُو سَيِّدُ .... آدَمَ

سَيِّدُنا مُحَمَّدٌ هُوَ سَيِّدُ وَلَدِ آدَمَ .

- يَقُولُ اللهُ تَعالَى في الآيةِ الكَريمَةِ : " وَ والِدٍ وَمَا وَلَدَ"(3) سورَةُ البلدِ

- هَذا الوَلَدُ ناجِحٌ فَهُوَ مِنْ أَنْجَحِ الأولادِ .

- اليَوْمَ جاءَتْ والِدَتِي وَجاءَ مَعَها والِدِي مِنَ السَّفَرِ.

- وَلَدَتْ القِطَّةُ اليَوْمَ خَمْسَ قِطَطٍ صِغارٍ.

(2)

الْجُزْءُ الثَّانِي

عبدُاللهِ: يا أُمِّي هَلْ يَكُونُ لِلهِ وَلَدٌ؟

الأم: لا يا وَلَدِي ياعبدَاللهِ ! لا يَجُوزُ فِي حَقِّ اللهِ ولا يَكُونُ ذَلِكَ أَبَداً.

عبدُاللهِ: لَيْتَكِ تَشْرَحِي لِيَ الأمرَ يا أُمِّي؟

الأُمُّ: يا وَلَدِي لَوْ كانَ لِلهِ وَلَدٌ، لكانَ لَهُ أَيْضاً زَوْجَةٌ وأَوْلادٌ وأُمٌّ و أَبٌ وشُرَكاءُ فِي المُلْكِ. والإلَهُ يا وَلَدِي مُنَزَّةٌ عَنْ ذلِكَ، فَهُوَ لا يَحْتاجُ لِشُرَكاءَ فِي مُلْكِهِ!

عبدُاللهِ: ولِهَذا يا أُمِّي نَحْنُ نُسَبِّحُ اللهَ ونَقُولُ دائماً: لا إِلَهَ إلاَّ اللهُ وحْدَهُ لا شَرِيكَ لَهُ، لَهُ المُلْكُ ولَهُ الحَمْدُ وهُوَ عَلَى كُلِّ شيْءٍ قَدِيرٌ !

الأُمُّ: تَماماً يا وَلَدِي، فَإِنَّ اللهَ لا يَحْتاجُ لِشَرِيكٍ، ولا يَحْتاجُ لِعَوْنِ أَحَدٍ!

عبدُاللهِ: نَعَمْ .. نَعَمْ يا أُمِّي، نشْهَدُ أَنْ لا إِلَهَ إلاَّ اللهُ وحْدَهُ لا شَرِيكَ لَهُ، لَهُ المُلْكُ ولَهُ الحَمْدُ وهُوَ عَلَى كُلِّ شيْءٍ قَدِيرٌ، ونشْهَدُ أَنَّ مُحَمَّداً عَبْدُهُ ورَسُولُهُ.

الأُمُّ: تَماماً يا وَلَدِي، فإِنَّ اللهَ هُوَ رَبُّ العِبادِ وخالِقُهُم. وهُوَ المُعِينُ وهُوَ القَوِيُّ، وهُوَ المُبْدِئُ وهُوَ المُعِيدُ، وهذا هُوَ الرَّبُّ الَّذِي يُعْبَدُ، ولا يَجُوزُ أَنْ يَكُونَ الخَالِقُ مَخْلُوقاً، والمَخْلُوقُ خالِقاً فِي آنٍ واحِدٍ . هَلْ فَهِمْتَ يا وَلَدِي؟

عبدُاللهِ: نعَمْ فَهِمْتُ يا أُمِّي يَحْفَظُكِ اللهُ.

[1]

<table>
<tr><td>

الإجابة عَنِ الأسئلةِ:

1- سَأَلَ عَبدُالله أُمَّهُ وقال يا أُمّي هَلْ يَكُونُ لله وَلَدٌ؟

2- قالتْ: لا يا وَلَدي ياعبدَالله ! لا يَجُوزُ في حَقِّ اللهِ ولا يَكُونُ ذَلِكَ أَبَداً.

3- لَوْ كانَ لله وَلَدٌ، لكانَ لَهُ أَيْضاً زَوْجَةٌ وأَوْلادٌ وأُمٌّ و أَبٌ وشُرَكاءُ في المُلْكِ.

4- الَّذي يَحْتاجُ للشَّرِيكِ أو الشُّرَكاءِ في مُلْكِهِ هو المخلوق .

5- لا يَكُونُ الخالِقُ خالِقاً ومخلوقاً ؟

</td><td>

الأسئلة

أَجِيبُوا عَنِ الأسئلةِ:

1- ماذا سَأَلَ عَبدُالله أُمَّهُ ؟

2- ماذا قالت الأم لعبدِالله ؟

3- ماذا لو كان لله شريكٌ في ملكهِ؟

4- مَنِ الَّذي يَحْتاجُ للشَّريكِ أَو الشُّرَكاءِ في مُلْكِهِ؟ .

5- لماذا لا يَكُونُ الخالِقُ مَخْلُوقاً ؟

</td></tr>
</table>

[2] يُطلب من التلاميذِ أن يضَعُوا دائرةً أمامَ رَقمِ الجُمْلةِ الصَحيحَةِ :

أ- (1) صَحيحٌ أَنْ يَكُونَ لأبي وأمّي أَوْلادٌ (2) صَحيحٌ أَنْ يَكُونَ لِجَدي وَجَدَتي أَوْلادٌ (3) غَيْرُ صَحيحٍ أَنْ يَكُونُ لله وَلَدٌ . (4) الإجابات كُلُّها صَحيحةٌ .

ب - (1) لا يَجُوزُ الشَّريكُ في حَياتِنا نَحنُ البَشَر(2) لا يَكُونُ للزَّوجِ شَريكٌ في حَياتِهِ (3) لا يَجُوزُ الشَّريكُ مَعَ اللهِ أَبَداً .

ج- (1) الفَرْدُ في حَقِّ اللهِ مَعناها الذي لا ثانِيَ له و لا يَحتاجُ مُساعَدةً (2) الفَرْدُ مَعناها الواحِدُ (3) الإجاباتُ كُلُّها صَحِيحَةٌ .

د- (1) "كُفُواً أَحَدٌ" مَعْناها لا أَحَدَ يُساوي قَدْرَةَ اللهَ (2) "كُفُواً أَحَدٌ " مَعْناها القادِرُ (3) "كُفُواً أَحَدٌ" مَعْناها القَوِيُّ (4) كُلُّ الإجاباتِ تَجُوزُ في حَقِّ اللهِ.

أنا أَقُولُ – أنْتَ تقولُ – هو يقولُ – هِيَ تقول – نحنُ نقولُ – أنتم تقولون – هُم يقولون

[4-] أَساليبُ وتَراكيبُ جَديدَة

Make he command by using يطلب من التلاميذ أن يعْمَلُوا كَما في المِثال التالي

مِثال **قُلْ**

قالَ تَعالَى : ["...... يا أَيُّها الكافِرونَ"]   "**قُلْ** يا أَيُّها الكافِرونَ"

- قالَ تَعالَى :"**قُلْ** أَعُوذُ بِرَبِّ الفَلَقِ ".

- قالَ تَعالَى :"**قُلْ** أَعُوذُ بِرَبِّ النَّاسِ" .

- قالَ تَعالَى :"**قُلْ** هُوَ اللهُ أَحَدٌ " .

- قال تَعالَى:"يَسْألُونَكَ عَنِ السّاعَةِ أَيّانَ مُرْساها **قُلْ** إنَّما عِلْمُها عِنْدَ رَبِّي"

Crossword Game

Crossword Game

[5]

7 ن	6 ا	5 كـ
	9 م	8 ف
13 د	12 لـ	11 و
16 م	15 س	14 ا

Was = 5 -6 - 7-

Boy=11-12-13

Equal to Him =5-8-11-14

Mouth = 8-9

Noun = 14-15-16

Soft or smooth = 6-9-12-15

Blood= 13-16

سُورَةُ المَسَدِ

مَنْ يَكُونُ أَبُو لَهَبٍ ؟

عبدُاللهِ : يا جَدّي ذَكَرَ الإمامُ في خُطْبَتِهِ أبا لَهَبٍ، فَمَنْ يَكُونُ أَبُو لَهَبٍ هذا؟

الجَدُّ: أَبُولَهَبٍ ياوَلَدي هُوَ عَمُّ النَّبِيِّ، وكانَ مِنْ أَشَدِّ النَّاسِ عَداوَةً للنَّبِيِّ.

عبدُاللهِ: ولِماذا ياجَدّي هذا العَداءُ وهُوَعَمُّ رَسُولِ اللهِ؟

الجَدُّ: كانَ أَبُو لَهَبٍ مِنْ قادَةِ مَكَّةَ،وكانَ يَخافُ أَنْ تَسْقُطَ مَكانَتُهُ بَيْنَ القَبائِلِ إنِ اتَّبَعُوا مُحَمَّداً عليهِ الصَّلاةُ والسَّلامُ ،ولَوْ اتَّبَعَ النَّاسُ مُحَمَّداً،فَسَوْفَ تَسْقُطُ عِبادَةُ الأَصْنامِ. وما كانَ أَبُو لَهَبٍ يُريدُ أَنْ تَسْقُطَ عِبادَةُ الأَصْنامِ في الجَزيرةِ.

عبدُاللهِ: ولِماذا لا يُريدُ أَبُولَهَبٍ أَنْ تَسْقُطَ هذِهِ الدِيانَةُ ياجَدّي؟

الجَدُّ: لأَنَّ عِبادَةَ الأَصْنامِ كانَتْ عِندَهُم هِيَ دِينَ الآباءِ والأَجْدادِ، وما كانَ أَبُو لَهَبٍ والمُشرِكُونَ يُريدُونَ أَنْ يَحدُثَ هذا التَّغْييرُ الكَبيرُ في حَياتِهِم، ولَوْ حَدَثَ مِثْلُ هذا التَّغْييرِ فَسَوْفَ يَخْسُرُونَ مَكاسِبَ كَثيرَةً مِنْ دِيانَةِ عِبادَةِ الأَصْنامِ.

الأسئِلَة	أجيبُوا عَنِ الأسئِلةِ :	الإجابة عن الأسئلة:
1-	1- عَنْ أَيِّ شَيْءٍ كانَ عبدُالله يَسْأَلُ؟	1- كانَ عبدُالله يَسْأَلُ عَمَنْ يكون هذا أبا لهب.
	2- مَنْ هُوَ أَبُو لَهَبٍ؟	2- هُوَ عمُّ النبي رسول الله صلّى الله عليه وسلّم.
	3- ماذا سَوْفَ يَحْدُثُ لَوْ اتَّبَعَ النَّاسُ مُحَمَّداً؟	3- لَوْ اتَّبَعَ النَّاسُ مُحَمَّداً سوف تسقط عبادة الأصنام.
	4- مِنْ أَيِّ شَيءٍ كانَ أَبُولَهَب يَخافُ؟	4- كانَ أَبُولَهَبٍ يَخافُ أن تضيع المَكاسبَ الكَثيرَةَ مِنْ دِيانَةِ عِبادَةِ الأَصْنامِ.

2-Grammar مَحَطَة قواعد- **Sign**

ماذا <u>لَوْ</u> اتَّبَعَ النَّاسُ مُحَمّداً؟

<u>لَوْ</u> اتَّبَعَ النَّاسُ مُحَمّداً <u>فَسَوْفَ تَسْقُطُ عِبادَةُ الأَصْنامِ</u>

The Meaning of لَوْ *in the language is* **(If)** *it is a programming statement that does one of two things based on a condition. It works with both* <u>present</u> *and* <u>past</u> *tense form like:* لَوْ **+** *present or past tenses.*

مثال : ماذا...... جاءَ العيدُ؟ (لَوْ)

......جاءَ العيدُ .... إلى مَدينَةِ الأَلعابِ (سَوْفَ نَذْهَبُ)

لَوْ جاءَ العيدُ سَوْفَ نَذْهَبُ إلى مَدينَةِ الأَلعابِ.

المطلوب الآن أن يعْمَلَ التلاميذُ تَماماً كَما فِي المِثالِ السَّابِقِ :

ـ ماذا لـوْ حفِظْتَ سُورَةَ البَقَرَةِ ؟ (لَوْ ـ حَفِظْتُ)

ـ ماذا لـوْ حضَرَ الطَعامُ (..... – حَضَرَ)

ـ لـوْ حَضَرَ الطعامُ سـوفَ نأكلهُ ساخِناً (سَوْفَ نأكُلُهُ)

ـ لَوْ حَفِظْتُ سُورةَ البقرةِ سوفَ يشتري لِي أبِي هَدِيّةً (حَفِظْتُ ـ يَشْتَري)

ـ ماذا لـوْ أسافِرُ إلى مَكَّةَ ؟ (......... – أسافِرُ)

ـ لَوْ أسافرُ إلى مكّةَ فسوفَ أعمَلُ عُمْرةً (......... ـ ....)

ـ ماذا لـوْ عَلَّمَني نفسُ المُعلِّمِ ؟ (............ ـ ....)

ـ لـوْ عَلَّمَني نَفْسُ المُعلِّمِ فَسَوفَ تكونُ عَلاماتي أحْسَنُ (فَسَوفَ ـ تكونُ)

عِبادةُ الأصْنامِ
اقرأُوا الجُزْءَ الثّاني

عبدُاللهِ: وماذا سَوْفَ يَخْسَرُونَ لَوْ تَرَكَ النّاسُ عِبادَةَ الأصْنامِ ياجَدّي؟

الجَدُّ: سَوْفَ أَشْرَحُ لكَ بِالتّفْصِيلِ إِنْ شاءَ اللهُ يا وَلَدِي.

عبدُاللهِ: تَفَضّلْ ياجَدّي اشْرَحْ لِيَ الأمْرَ إِنّي أَسْمَعُكَ جَيّداً.

الجَدُّ: لَوْ تَرَكَ النّاسُ عِبادَةَ الأصْنامِ ياوَلَدِي، فَسَوْفَ يَعبُدُونَ رَبّاً واحِداً، وسَوْفَ تَسْقُطُ هَذِهِ الدِّيانَةُ فِي الجَزِيرَةِ العَرَبِيّةِ. ولَوْ تَمّ ذَلِكَ فَسَوْفَ يَخْسَرُ أَهْلُ مَكّةَ ثَلاثَ مِئَةٍ وستِينَ صَنَماً حَوْلَ الكَعْبَةِ، كانَ العَرَبُ يَعبُدُونَها تَقَرُّباً إلى اللهِ. وكانُوا فِي ذَلِكَ الزَّمانِ يَعْتَقِدُونَ أَنّها سَبِيلاً تُقَرّبُهُم إلى اللهِ.

عبدُاللهِ: ولِهَذا السَّبَبِ عارَضَ أَبولَهَب والمُشْرِكُونَ دَعْوَةَ النّبِيّ إلى الإسْلامِ، ورُبّما كانَت هُناكَ عَلاقَةٌ بَيْنَ هَذِهِ الأحْداثِ وسَبَبِ نُزُولِ سُورَةِ المَسَدِ!

الجَدُّ: نَعَمْ يا وَلَدِي، فَإِنّهُ عِندَما نادَى النّبِيّ أَهْلَ مَكّةَ لِيُخْبِرَهُم عَنْ دِينِ الإسْلامِ، وَقَفَ أَبُولَهَب ضِدَّ النّبِيّ، و رَفَعَ صَوْتَهُ فِي وَجْهِ النّبِيّ الكَرِيمِ وأَشارَ إلَيْهِ بِيَدِهِ وهُوَ يَقُولُ: تَبّاً لكَ .. أَلِهَذا نادَيْتَ أَهْلَ مَكّةَ وجَمَعْتَنا؟ فَحَزِنَ الرَّسُولُ الكَرِيمُ حُزْناً شَدِيداً، وكانَ فِي ذَلِكَ الفِعْلِ إِساءَةٌ كَبِيرَةٌ لِلنّبِيّ، آلَمَتْهُ عَلَيْهِ الصّلاةُ والسّلامُ ، وأَغْضَبَتْ اللهَ عَزَّ وجَلَّ فَنَزَلَتْ سُورَةُ المَسَدِ .

الإجابة عَنْ الأسئلةِ:

1- كانَ عبدُاللهِ يَسألُ: ماذا سوف يخسرون الكافرون لو تركوا عبادة الأصنام.

2- كانوا سيعبدون رباً واحداً ويخسرون مئة وستين صنماً هي تجارتهم.

3- كانَ أَبُولَهَبٍ يَخافُ على مركزِهِ الإجتماعي والتجاري بين القبائل.

4- لَوْ اتَّبَعَ الناس النبي سوف يخسرون زعامة القبائل والتجارة.

5- مَكاسِبُ أَهْلِ مَكَّةَ مِنْ عِبادَةِ الأصنام سوف تسقط تجارة الأصنام والتي هي دين عبادتهم وهي سبيلاً تُقَرِّبُهُم إلى اللهِ.

6- نادَى النَّبيُّ أَهْلَ مَكَّةَ وجمَعَهُم ليدعوهم إلى عبادة الله الواحد الأحد وخالقهم.

7- وَقَفَ أَبُولَهَبٍ ضِدَّ النَّبيِّ، و رَفَعَ صَوْتَهُ في وَجْهِ النَّبيِّ الكَريمِ وأشارَ إلَيْه بِيَدِهِ .

8- نَزَلَتْ سُورَةُ المَسَدِ لأَنَّه حَزِنَ الرَّسُولُ الكَريمُ حُزْناً شَديداً، وكانَ في ذَلِكَ الفِعْلِ إساءَةً كَبيرَةً للنَّبيِّ، آلَمَتْهُ عَلَيْهِ الصَّلاةُ والسَّلامُ ، وأَغْضَبَتْ اللهَ عَزَّ وجَلَّ .

الأسئلة

يجيب التلاميذ عَنْ الأسئلةِ:

1- عَنْ أيِّ شَيْءٍ كانَ عبدُاللهِ يَسألُ؟

2- كَيْفَ شَرَحَ الجَدُّ الأَمْرَ لعبدِاللهِ؟

3- عَلَى ماذا كانَ أَبُولَهَبٍ يَخافُ؟

4- ماذا سَوْفَ يَحدُثُ لَوْ اتَّبَعَ النَّاسُ النَّبيَّ؟

5- ما هِيَ مَكاسِبُ أَهْلِ مَكَّةَ مِنْ عِبادَةِ الأصنامِ؟

6- لِماذا نادَى النَّبيُّ أَهْلَ مَكَّةَ وجَمَعَهُم؟

7- ماذا فَعَلَ أَبُولَهَبٍ عِندَما جَمَعَ النَّبيُّ أَهْلَ مَكَّةَ؟

8- لِماذا نَزَلَتْ سُورَةُ المَسَدِ؟

2- يُطلب من التلاميذ أن يكتبوا الجُمَلَ التي فيها أُسْلُوبُ الشَّرْطِ المَصْحُوبُ بـ **(لَوْ)** مِنَ النَّصِّ.

Copy the entire conditional sentences pattern that were constructed of the meaning of **(if)** in both part (1) & (2)

- وماذا سَوْفَ يَخْسَرُونَ لَوْ تَرَكَ النَّاسُ عِبادَةَ الأَصْنام ياجَدِّي؟
- لَوْ تَرَكَ النَّاسُ عبادةَ الأصنامِ ياوَلَدي، فَسَوْفَ يَعبُدُونَ رَبَّاً واحداً.

يطلب من التلاميذ أَنْ يملأوا الفَراغَ بـ **(هُوَ)** أو **(هِيَ)** في الجُمَلِ التالية تَماماً كَما في المثال التالي:

مثال ـ أَبُولَهَبٍ ....عَبْدُ العُزَّى   أَبُولَهَبٍ **هُوَ** عَبْدُ العُزَّى.

ـ زَوْجَةُ أَبِي لَهَبٍ **هي** حَمَّالَةُ الحَطَبِ.

ـ النَّبِيُّ **هو** ابْنُ أَخِي أَبِي لَهَبٍ.

ـ عائِشَةٌ **هي** أُمُّ المُؤْمِنِينَ.

ـ الأَصْنامُ **هي** مِنْ صُنْعِ المُشْرِكِينَ.

ـ كانَ عَدَدُ الأَصْنامِ حَوْلَ الكَعْبَةِ **هـو** ثَلاثٌ مِئَةٍ وَسِتِّينَ صَنَماً.

ـ أَبُولَهَبٍ **هـو** واحِدٌ مِنْ قادَةِ مَكَّةَ.

أَسالِيبُ وتَراكِيبُ جَدِيدَة

مثال **[4]**

اعْمَلُوا تَماماً كَما فِي المِثالِ التَّالي مُسْتَخْدِمينَ الفِعْلَ (وَقَفَ أَوْ مَعْناهُ) وغَيِّروا ما يَلْزَمُ:

عِنْدَما نادَى النَّبِيُّ عَلَى أَهْلِ مَكَّةَ وَجَمَعَهُم .... المُشْرِكُونَ ضِدَّهُ

عِنْدَما نادَى النَّبِيُّ عَلَى أَهْلِ مَكَّةَ وَجَمَعَهُم **وَقَفَ** المُشْرِكُونَ ضِدَّهُ.

ـ عِنْدَما بَدَأ الإِسْلامُ في الجَزِيرَةِ العَرَبِيَّةِ **تَوَقَّفَتْ** عِبادَةُ الأَصْنامِ.

ـ عِنْدَما سَمِعَ أَهْلُ مَكَّةَ النَّبِيَّ يُنادِي **وَقَفَ** النَّاسُ وسَمِعُوا لَهُ.

ـ عِنْدَما قالَ الجَدُّ سَأَشْرَحُ بِالتَّفْصِيلِ **تَوَقَّفَ** عَبْدُالله وصارَ يَسْمَعُ لِكَلامِ جَدِّهِ.

ـ عِنْدَما أَشارَ أَبُولَهَبٍ بِيَدِهِ إلى النَّبِيَّ كانَ يُريدُ أَنْ **يُوقِفَ** النَّبِيَّ عَنِ الخِطابَةِ للنَّاسِ.

ـ عِنْدَما قالَ أَبُولَهَبٍ للنَّبِيَّ " تَبّاً لَكَ " **وَقَفَ** النَّبِيُّ حَزيناً.

[6] يُطلب من التلاميذ أَنْ يسْتَخْرِجوا جَذرَ كَلِمَة " يَعْبُدُون "

(عَبَدَ)

[7] يطلب من التلاميذ أنْ يَعمَلوا مِنْ حُروفِ جَذرِ الكَلِمَةِ السابِقَةِ [عبدَ] مُفرَداتٍ جَديدةً وضَعُوها فِي المَكانِ الخالِي فِي الجُمَلِ التالية:

ـ قَبْلَ الإسلامِ كانَ المُشرِكُونَ يعبُدونَ الأَصنامَ .

ـ قالَ تَعالَى: " قُلْ يا أَيُّها الكافِرُونَ لا أَعبُدُ ما تَعبُدُون" .

ـ وقالَ تَعالَى: " ولا أَنا عابِدٌ ما عَبَدْتُم" .

ـ وقالَ تَعالَى: "إيّاكَ نَعْبُدُ وإيّاكَ نَسْتَعِينُ".

ـ وقالَ تَعالَى: " وَ عِبادُ الرَّحْمَنِ الذينَ يَمْشُونَ عَلَى الأَرْضِ هَوْناً وإذا خاطَبَهُم الجَاهِلُونَ قالُوا سَلاماً ".

<table>
<tr><td colspan="2">Match the two sides of the box below</td><td colspan="2">[8] ـ يصِلُ التلاميذ مابَين الجُمَلِ والمُفرَداتِ ليكوّنوا عبارات ذاتَ مَعنَى</td></tr>
<tr><td>فسَوْفَ تَسْقُطُ عبادَةُ الأَصنامِ</td><td>(1)</td><td>(7)</td><td>تَبَّتْ يَدا</td></tr>
<tr><td>رَفَعَ صَوْتَهُ في وَجْهِ النَّبِيّ وقالَ</td><td>(2)</td><td>(6)</td><td>كانَ ذلك إساءةً كَبيرةً للنَّبِيّ</td></tr>
<tr><td>ذاتَ لَهَبٍ</td><td>(3)</td><td>(5)</td><td>سَوْفَ يَخْسَرُ المُشرِكُونَ</td></tr>
<tr><td>أَحْسَنْتَ يا عَبدَاللهِ</td><td>(4)</td><td>(8)</td><td>وامرَأَتُهُ حَمّالَةُ الحَطَبِ</td></tr>
<tr><td>مكاسِبَ كَثيرَة</td><td>(5)</td><td>(4)</td><td>قالَ الجَدُّ يَشْكُرُ عبدَ الله</td></tr>
<tr><td>أَلِهَذا جَمَعْتَنا ؟</td><td>(6)</td><td>(2)</td><td>رفَعَ أَبولَهَبٍ صَوْتَه في النَّبِيّ</td></tr>
<tr><td>أَبي لَهَبٍ وَتَبَّ</td><td>(7)</td><td>(1)</td><td>إذا نَجَحَ النَّبِيُّ في دَعْوَتِهِ</td></tr>
<tr><td>في جِيدِها حَبْلٌ مِنْ مَسَدٍ</td><td>(8)</td><td>(3)</td><td>سَيَصْلَى ناراً</td></tr>
</table>

<table>
<tr><td>[9]</td><td>يطلب من التلاميذ أن يملأوا الفَراغَ Fill in the blanks using the word bank بالكَلِماتِ المُناسِبةِ</td></tr>
</table>

أَنْزَلَ ـ المَسَد ـ تَكْرَهُ ـ قاسِياً ـ الشَّوْكَ ـ يَحْسُدُ

كانَتْ زَوْجَةُ أَبي لَهَبٍ تكرهُ رَسُولَ اللهِ كَثيراً. وكانَتْ تَضَعُ لَهُ الشَّوكَ في طَريقِه. وكانَ أَبولَهَبٍ يَحسُدُ الرَّسُولَ الكَريمَ، ويُريدُ أَنْ يَكُونَ هُوَ النَّبِيَّ حَسَداً مِنْهُ، فأَنْزَلَ اللهُ سُبْحانَهُ وتعالَى سُورَةَ المَسَدِ، لِيَرُدَّ عَلَيْهِ رَداً قاسِياً في السُورَةِ الكَريمَةِ : " تَبَّتْ يَدَا أَبي لَهَبٍ وَتَبَّ ".

[10]Make a question as follows – اعْمَلُوا سُؤالاً لِكُلّ جُمْلةٍ مِمّا يَلِي كَما فِي المِثالِ

الجَوابُ: هَذا هُوَ الرَّجُلُ السُؤالُ: مَنْ هَذا الرَّجُلُ؟

الجَوابُ: كانَتْ تَضَعُ الشَّوْكَ فِي الطَريقِ السُؤالُ: كَيْفَ كانَتْ..................؟

الجَوابُ: كانَ أَبُو لَهَبٍ يَكْرَهُ الرَّسُولَ السُؤالُ: لِماذا كانَ أَبُو لَهَبٍ يَكْرَهُ..................؟

الجَوابُ: جاءَ الرَّدُّ عَلَى أَبِي لَهَبٍ السُؤالُ: كيفَ جاءَ الرَّدُّ عَلَى أَبِي..................؟

– فِعْلُ الخَيْرِ يَكُونُ بِالصّدَقِ ومُساعَدةِ الفُقَراءِ . (السُؤال) كيف يكون فعل الخير؟

– كانَ القُرآنُ يُنَزَّلُ سُورَةً سُورَةً وآيةً آيةً. (السُؤال) كيف كان القرأن يتنزَّلُ؟

– اسْتَمَعَ النّاسُ إلى النّبيِّ جَيّداً وما اسْتَمَعَ أَبُولَهَبٍ (السؤال) كيف استمع الناس إلى النبي وكيف استمع أبولَهَبٍ؟

– النَّبيُّ مُحَمَّدٌ هُوَ آخِرُ الأَنْبِياءِ والمُرْسَلِينَ (السؤال) من هو النبي محمَّدٌ؟

– أَسْقَطَ الإِسلامُ عِبادَةَ الأَصْنامِ (السؤال) ماذا أسقطَ الإسلام في الجزيرة العربية؟

بِسْمِ اللهِ الرَّحْمَنِ الرَّحِيمِ

إِذَا جَاءَ نَصْرُ اللهِ وَالْفَتْحُ (1) وَرَأَيْتَ النَّاسَ يَدْخُلُونَ فِي دِينِ اللهِ أَفْوَاجاً (2) فَسَبِّحْ بِحَمْدِ رَبِّكَ وَاسْتَغْفِرْهُ إِنَّهُ كَانَ تَوَّابًا (3)

إِذَا جَاءَ جَدِّي مِنَ السَّفَرِ

اقْرَأُوا الْجُزْءَ الْأَوَّلَ

كَتَبَ آدَمُ مَوْضُوعَ التَّعْبِيرِ يَصِفُ فِيهِ أُسْرَتَهُ فِي شَهْرِ رَمَضَانَ وقال: إِذَا جَاءَ جَدِّي مِنَ السَّفَرِ، وجَاءَتْ مَعَهُ جَدَّتِي فِي أَوَّلِ أَيَّامِ رَمَضَانَ الْفَضِيلِ، فَإِنَّنا نَحْمَدُ اللهَ عَلَى سَلَامَةِ وُصُولِهِم. وفِي هَذَا الْيَوْمِ يَفْرَحُ الْأَقَارِبُ، ويَجْتَمِعُ الْأَصْدِقَاءُ هُنَا فِي بَيْتِنا الْكَبِيرِ لِلسَّلَامِ عَلَيْهِ. وعِنْدَ الْإِفْطَارِ يَفْتَحُ أَبِي لَهُمُ الْأَبْوَابَ، وتَرَاهُم يَدْخُلُونَ إِلَى قَاعَةِ الضُّيُوفِ. فَهَذَا عَمِّي الْأَكْبَرُ نَاصِرٌ وأَخُوهُ فَتْحُ اللهِ، وأَخُوهُمُ الْأَصْغَرُ مَنْصُورٌ، وقَدْ جَاؤُوا مِنْ مَنَاطِقَ بَعِيدَةٍ. وبَعْدَ الْأَذَانِ نَتَنَاوَلُ قَلِيلاً مِنَ التَّمْرِ، ونَشْرَبُ كُوباً مِنَ الْمَاءِ الْبَارِدِ، ويُؤَذِّنُ أَخِي صُهَيْبٌ لِيُقِيمَ صَلَاةَ الْمَغْرِبِ جَمَاعَةً، ويَكُونُ جَدِّي هُوَ الْإِمَامُ.

وفِي يَوْمِ الْعِيدِ، تَذْهَبُ الْعَائِلَةُ كَامِلَةً لِأَدَاءِ صَلَاةٍ، ويَدْخُلُ النَّاسُ جَمَاعَاتٍ وأَفْوَاجاً، يَسْتَغْفِرُونَ اللهَ و يُسَبِّحُونَ بِحَمْدِ رَبِّهِم عَلَى ما هَدَاهُم، دَاعِينَ اللهَ تَعَالَى أَنْ يَتَقَبَّلَ طَاعَتَهُم، إِنَّ اللهَ كَانَ غَفَّاراً وتَوَّاباً.

الإجابة عن الأسئلة:

1- جَدِّي وجَدَّتي اللذانِ جاءا مِنَ السَّفَرِ؟

2- ـ إذا جاءَ جَدِّي ومَعَهُ جَدَّتي من السفر فإننا نحمدُ الله على سلامتهم.

3- يَحْضُرُ إلى البَيْتِ لِلسَّلامِ عَلَى الجَدِّ الأقاربُ والأصدقاء.

4- عِندَما يَحْضُرُ النَّاسُ لِلسَّلامِ عَلَى الجَدِّ يفاحُ لهم أبي الأبواب وصالات الضيوف.

5- يُؤذِّنُ أخي صُهَيْبٌ لِيُقيمَ صَلاةَ المَغرِبِ جَماعَةً، ويَكُونُ جَدِّي هُوَ الإمامُ.

6- تَذهَبُ العائلةُ كامِلةً لأَدَاءِ صَلاةِ.

7- ويَدْخُلُ النَّاسُ جَماعاتٍ و أَفْواجاً، يَسْتَغْفِرُونَ اللهَ و يُسَبِّحُونَ بِحَمْدِ ربِّهم عَلَى ما هَداهُم.

1- مَنْ الَّذي جاءَ مِنَ السَّفَرِ؟

2- ماذا يَحدُثُ إذا جاءَ جَدِّي ومَعَهُ جَدَّتي مِنَ السَّفَرِ؟

3- مَنْ يَحْضُرُ إلى البَيْتِ لِلسَّلامِ عَلَى الجَدِّ؟

4- ماذا يَفْعَلُ أبي عِندَما يَحْضُرُ النَّاسُ للسَّلامِ عَلَى الجَدِّ؟

5- ماذا يَحْدُثُ عِندَ الأَذانِ لِلصَّلاةِ؟

6- ماذا يَحْدُثُ في يَوْمِ العِيدِ؟

7- كَيْفَ يَدْخُلُونَ المَساجِدَ؟ وماذا يَفْعَلُونَ بَعْدَ الصَّلاةِ؟

مَحَطَة قواعد- Sign   **Grammar**

إذا جاءَ جَدِّي مِنَ السَّفَرِ جاءَتْ جَدَّتي جَدَّتي مَعَهُ أَيْضاً

Meaning: (إذا *in the language means*) *If*)

This is a conditional sentence form; by using this article with a present or past tense verb in the beginning of the sentence, then you develop a programming statement that does one of two things based on a condition. It could be reformed in this form like: إذا + *present or past tense.*

يطلب من التلاميذ أن يعملوا تَماماً كما فِي المِثالِ التالِي :

: [إذا جاءَ جَدِّي مِنَ السَّفَرِ يأتي النَّاسُ لِيُسَلِّمُوا عَلَيهِ]

[إذا نَزَلَ المَطَرُ يُسَبِّحُ النَّاسُ اللهَ ويَسْتَغْفِرُونَ]

ـ إذا أَذَنَ المُؤذِّنُ لِصَلاةِ العِشاءِ فَإننا نُصلِّي الصلاةَ جماعَةً.

ـ إذا حانَ أذَّن المَغْرِبُ في رَمَضانَ فإنَّنا نجلِسُ لِتناولِ طَعامَ الإفْطارِ.

ـ إذا سافَر وَالِدي إلى واشِنْطُنَ فإنَّنا نسافِرُ مَعَهُ إن شاءَ اللهُ .

ـ إذا أَستقَظَ أَخِي الصَغيرُ في اللَّيلِ فإنَّ أَهلَ البَيتِ جَميعَهُم يستيقظون .

اقرأُوا الجُزءَ الثاني

فَتْحُ مَكَّةَ

أمَرَ اللهُ نَبِيَّهُ مُحَمَّداً صَلَّى اللهُ عَلَيهِ وسلَّمَ أَنْ يُهاجِرَ مَعَ المُسلِمينَ إلى المَدينةِ، لأنَّ المُشْرِكِينَ آذَوا النَّبِيَّ وأصحابَهُ. عاشَ النَّبِيُّ والمُسلِمُونَ هُناكَ بَعيدِينَ عَنْ مَكَّةَ التِي وُلِدُوا فيها وأحَبُّوها كَثيراً ثلاثَ عَشْرَةَ سَنَةً. وبَعدَ أَنْ زادَ عَدَدُ المُسلِمينَ وصارُوا أَقْوِياءَ، أَمَرَ اللهُ رَسُولَهُ، أَنْ يَعُودَ إلى مَكَّةَ، للحَجِّ ومَعَهُ كُلُّ مَنْ آمَنَ باللهِ ورَسُولِه. وفِي ذلِكَ العامِ، فَتَحَ النَّبِيُّ عَلَيهِ الصلاةُ والسَّلام مَكَّةَ المُكَرَّمَةَ، فِي السَّنةِ الثالِثَةَ عَشْرَةَ لِلهِجْرَةِ، وأَيَّدَهُ اللهُ بِنصرٍ مِنْ عِندِه وبِفَتْحٍ قَرِيب. وحَجَّ الرَّسُولُ الكَرِيمُ والمُسلِمُونَ لأوَّلِ مَرَّةٍ في تاريخِ الإسلامِ، وخَطَبَ النَّبِيُّ عَلَيهِ أَفْضَلُ الصَّلاةِ والسَّلامِ لآخِرِ مَرَّةٍ خُطْبَةَ حَجَّةِ الوَداع.

يجيب التلاميذ عن الأسئلة:

1 ـ لِماذا أَمَرَ اللهُ النَّبِيَ علَيْهِ الصَّلاةُ والسَّلامُ بِالهِجْرَةِ ؟

2ـ ماذا فَعَلَ المُشْرِكُونَ لِلنَّبِيِّ؟

3 ـ إِلى أَيْنَ تَوَجَّهَ النَّبِيُّ والمُسْلِمُونَ؟

4ـ كَيْفَ عادَ النَّبِيُّ والمُسْلِمُونَ إِلى مَكَّةَ؟

5ـ ماذا فَعَلَ النَّبِيُّ والمُسْلِمُونَ عِنْدَما دَخَلُوا مَكَّةَ فاتِحِينَ؟

الإجابة عن الأسئلة:

1 ـ أَمَرَ اللهُ النَّبِيَ بِالهِجْرَةِ لِأَنَّ المُشْرِكِينَ آذَوْا النَّبِيَّ وأصحابَهُ.

2ـ كانوا يُؤذون النبيَّ؟

3 ـ تَوَجَّهَ النَّبِيُّ والمُسْلِمُونَ إِلى المدينة .

4ـ عادَ النَبِيُّ والمُسْلِمُونَ إِلى مَكَّةَ بَعْدَ أَنْ زادَ عَدَدُ المُسْلِمِينَ وصاروا أَقْوِياءَ، أَمَرَ اللهُ رَسُولَهُ والمسلمين أَنْ يَعُودَ إِلى مَكَّةَ

5ـ حَجَّ الرَّسُولُ الكَرِيمُ والمُسْلِمُونَ لِأَوَّلِ مَرَّةٍ فِي تاريخ الإسلامِ، وخَطَبَ في المسلمين خطبةَ الوداع.

---

[3] Fill in the blanks using either **هَذِهِ** (F) or **هَذا** (M) or **هَؤُلاءِ** for plural

لِيَمْلَأُوا الفَراغَ (هَذا) لِلْمُذَكَّر أَو (هَذِه) للمُؤنَّث أَو (هَؤُلاءِ) لِلْجَمْع

وِلِيَعْمَلُوا تَماماً كَما فِي المِثال التالِي:

مِثال

ـ .... يَوْمُ النَّصْرِ.   <u>هَذا</u> <u>هُوَ</u> يَوْمُ النَّصْرِ.

ـ .... مَكَّةُ المُكَرَّمَةُ   <u>هَذِه</u> <u>هِيَ</u> مَكَّةُ المُكَرَّمَةُ.

ـ .... المُسْلِمُونَ المُهاجِرُونَ   <u>هَؤُلاءِ</u> <u>هُمُ</u> المُسْلِمُونَ المُهاجِرُون .

- هؤُلاءِ هم المُشْرِكُونَ الَّذِينَ آذَوْا النَّبيَّ .

- هذه هي مَكَّةُ التِي يُحِبُّها المُسْلِمُونَ.

- كانتْ هـــذه هـي الخُطْبَةُ الأَخِيرَةُ للنَّبيِّ صلَّى الله عَلَيْهِ وسلَّمَ.

- هؤُلاءِ هـم الذِينَ دَخَلُوا فِي دِينِ الله أَفْواجاً.

أَسالِيبُ وتَراكِيبُ جَدِيدَةٌ

[4] استِخْدامُ حَرْفِ العَطْفِ فِي اللّغةِ العَرَبِيةِ

[هَذا عَمّي عبدُالنَّاصِر ... ابْنُ عَمّي نَصْرٌ ... ظافِرٌ ... مَنْصُورٌ ... أَخُوهُ فَتْحُ الله]

[هَذا عَمّي عبدُالنَّاصِر وَابْنُ عَمّي نَصْرٌ وَ ظافِرٌ وَ مَنْصُورٌ وَ أَخُوهُ فَتْحُ الله]

ولِيَعْمَلُوا تَماماً كَما فِي المِثالِ التالي :

- السُورَةُ القُرآنِيَةُ الكَرِيمَةُ " إذا جاءَ نَصْرُ اللهِ والفَتْحُ (1) و رأَيْتَ النَّاسَ يَدْخُلُونَ فِي دِينِ الله أَفْواجاً (2) فَسَبِّحْ بِحَمْدِ رَبِّكَ واسْتَغْفِرْهُ إنَّهُ كانَ تَوَّاباً"

- أَنا مُسْلِمٌ أُصلّي و أَصُومُ و أَحُجُّ و أُعْطي الزَّكاةَ.

- أَنا و أُمّي و أَبِي و أُخْوَتي و أَخَواتي نَعِيشُ في نَفْسِ المَدِينةِ.

- الجَمِيعُ ذَهَبُوا إلى الرِّحْلَةِ المَدْرَسِيَّةِ كَذَلِكَ المُعَلِّمُونَ و.................... و.................... و
والطالِباتُ والعامِلُونَ و.................. .

[6] المطلوب أَنْ يستخرج التلاميذ جَذْرَ الكَلِمةِ Find out the root of the word

" استَغْفِرْهُ " : | غَفَرَ |

[7] يُطلبُ مِنَ التلاميذِ أنْ يعْمَلُوا مِنْ حُروفِ جَذْرِ الكَلِمَةِ السابِقَةِ كَلِماتٍ جَديدَةً

مثال

ويضَعُوها في مَكانِ النُّقَطِ . يقُولُ اللهُ في سُورَةِ النّصْرِ :

" فَسَبِّحْ بِحَمْدِ رَبِّكَ وَ .... إنَّهُ كانَ تَوَّاباً "
فَسَبِّحْ بِحَمْدِ رَبِّكَ وَ <u>استَغْفِرْهُ</u> إنَّهُ كانَ تَوَّاباً "

ـ يقُولُ اللهُ تَعَالَى : " وَكانَ اللهُ غفوراً رَحيماً " سُورَةُ النّساء 96

ـ اللَّهُمُ إنَّنا نَدْعوكَ أنْ تَغفِرَ لَنا ذُنُوبَنا.

ـ أكْثِروا يا أبْنائي مِنَ الإستِغفارِ فإنَّ اللهَ غفورٌ رَحيمٌ .

ـ يُكْثِرُ المُسلِمُونَ بَعْدَ كُلِّ صَلاةٍ مِنْ طَلَبِ العَفْوِ و المغفرة .

الآذانَ ـ ثَلاثَ عَشْرَةَ ـ الكَعْبةِ ـ أمْرُ ـ أقْوِياءَ ـ دَخَلَها ـ عادَ

صَارَ المُسلِمونَ في المَدينَةِ أقْوِياءَ ، وجاءَ أمْرُ اللهِ تَعَالَى بِالحَجِّ ذلِكَ العامَ، و عادَ المُسلِمُونَ في ذَلِكَ العامِ إلى مَكَّةَ. ولمَّا دخَلَها المُسلِمُونَ لأوّلِ مَرَّةٍ بَعْدَ ثَلاث عشرة سنةٍ، لَمْ يُقاتِلْ النَّبِيُّ أهْلَ مَكَّةَ، ولَمْ يُؤْذِ المُسلِمُونَ أحَداً. وطافَ رَسُولُ اللهِ وَمَنْ مَعَهُ حَوْلَ الكعْبةِ، وصعَدَ بِلالٌ عَلَى سَطْحِها، ورُفِعَ الأذان لأوَّلَ مَرَّةٍ في التاريخِ .

10 ـ صَرِّفُوا الفِعْلَ أسَبِّحْ مَعَ الضَّمائِرِ Conjugate the verb with the pronouns:

أنا أسَبِّحُ ـ أنتَ تُسَبِّحُ ـ هُـو يُسَبِّحُ ـ نحنُ نُسَبِّحُ ـ أنتم تُسَبِّحون- هـم يُسَبِّحون .

لِيَصِلَ التَّلاميذُ ما بَيْنَ الجُمَلِ والمُفْرَداتِ لأُكَوِّنَ عِباراتٍ ذاتَ معنًى

Groups of Muslims joined Islam (1)	إِذا جاءَ نَصْرُ اللهِ والفَتْحُ (4)
For the first time in the history (2)	(6) فَتْحُ مَكَّةَ هُوَ
13 years in Medina (3)	هاجَرَ المُسْلِمُونَ مِنْ مَكَّةَ إلى المَدِينَةِ (5)
If the victory and help of Allah came (4)	دَخَلَ النَّاسُ في الإسلامِ بِأعْدادٍ كَبِيرَةٍ (1)
They emigrated from Mecca (5)	(2) حَجَّ المُسْلِمُونَ
Opening Mecca and concur *almushrikeen* (6)	ظَلَّ المُسْلِمُونَ في المَدِينَةِ لِسَنَواتٍ (3)

11- لِيَضَعُوا دائِرَةً أمامَ الجُمْلَةِ الأصَحَ : Circle the most correct one

أ- (1) دَخَلَ المُسْلِمُونَ مَكَّةَ عامَ الهِجْرَةِ (2) دَخَلُوا المَدِينَةَ عامَ الفَتْحِ (3) دَخَلَ المُسْلِمُونَ مَكَّةَ في عامِ الفَتْحِ .

ب- (1) ما قاتَلَ المُشْرِكُونَ المُسلِمِينَ أبَداً (2) قاتَلَ المُشْرِكُونَ وما قاتَلَ المُسْلِمُونَ (3) ما قاتَلَ المُسْلِمُونَ وما قاتَلَ المُشْرِكُونَ.

د- (1) نَحْنُ نُسَبِّحُ إذا دَخَلَ النَّاسُ في دِينِ اللهِ أفواجاً (2) نَحْنُ نُسَبِّحُ اللهَ دائِماً وفي كُلِّ حالٍ (3) نَحْنُ نُسَبِّحُ اللهَ دائِماً ونَسْتَغْفِرُهُ في الصَّلاةِ فَقَطْ .

و- (1) "فَتْحُ مَكَّةَ" هُوَ فَتْحُ أبوابِ مَكَّةَ (2) "فَتْحُ مَكَّةَ" هُوَ سَيْطَرَةُ المُسْلِمِينَ عَلَى مَكَّةَ (3) "فَتْحُ مَكَّةَ" هُوَ انْتِصارُ المُسْلِمِينَ في مَعْرَكَةِ بَدْرٍ .

ع- (1) كَلِمَةُ "سَبِّحْ" هِيَ أمْرٌ للرَّسُولِ (2) كَلِمَةُ "سَبِّحْ" هِيَ أمْرٌ للرَّسُولِ والمُسْلِمِينَ في مَكَّةَ (3) كَلِمَةُ "سَبِّحْ" هِيَ أمْرٌ للرَّسُولِ والمُسْلِمِينَ في كُلِّ زَمانٍ ومَكانٍ .

[12] يطلب من التلاميذ أن يعْمَلُوا كَما في المثال التالي :

[رَأَيْتُ الكَعْبَةَ..........مرَّةٍ في حَياتي]

رَأَيْتُ الكَعْبَةَ **لأَوَّل** مَرَّةٍ في حَياتي ✔

[رأيتُ مَسجدَ النَّبِيِّ ....مرَّةٍ العامَ الماضِيَ]

رأَيْتُ مَسْجِدَ النَبِيِّ **آخَرَ** مرَّةٍ العامَ الماضِيَ . ✔

يطلب من التلاميذ أن يعْمَلُوا كَما في المثال السَّابق:

ـ رَأَيْتُ الهِلالَ في السَّماءِ أوَّلَ مَرَّةٍ في رَمَضانَ.

ـ صَلَّيْتُ في المَسْجِدِ الأَقْصَى أَوَّلَ مَرَّةٍ في الصَّيْفِ الماضِي.

ـ صُمْتُ رَمَضانَ لأَوَّلَ مرَّةٍ وَكانَ عُمْري سَبْعَ سَنَواتٍ.

ـ شاهَدْتُ الأَهْراماتِ في مِصْرَ لأَوَّلَ مرَّةٍ قَبْلَ سَنَتَيْنِ .

ـ الآنَ أَنا أَشْربُ مَاءَ زَمْزَمَ لأَوَّلَ مرَّةٍ في حَياتِي.

(13)

3 ح	2 ب	1 س
5 ر	4 ح	
7 ا	6 م	
10 م	9 د / لوحدة	8 ق

Make *tasbeeh* = 3-2-1

Free and not slave = 4-5

Negation letter = 6 -7

Foot =8-9-10

Word comes after سَبِّحْ = 2-4-6-9

Extremely allowed in Islam 3-5-7-10

بمساعدة المعلم يتخيَّر التلاميذ موقفاً أو جانباً من السورة القرآنية(النص) سواء في المعاني أو أسباب النزول أو حكاية أو حديث مرتبط بالأهداف من وراء السورة القرآنية ويقومون بتمثيله في الفصل أو على خشبة المسرح.

الكافِرون

AL Kafiroon

بِسْمِ اللهِ الرَّحمنِ الرَّحيمِ

﴿ قُلْ يَا أَيُّهَا الْكَافِرُونَ ۝ لَا أَعْبُدُ مَا تَعْبُدُونَ ۝ وَلَا أَنْتُمْ عَابِدُونَ مَا أَعْبُدُ ۝ وَلَا أَنَا عَابِدٌ مَا عَبَدْتُمْ ۝ وَلَا أَنْتُمْ عَابِدُونَ مَا أَعْبُدُ ۝ لَكُمْ دِينُكُمْ وَلِيَ دِينِ ۝ ﴾

(1)

حِوارٌ حَوْلَ الكَعبةِ

اقْرَأوا الجُزْءَ الأوَّلَ

قُلْ يا وَلَدِي يا عبدَالله إنَّنا لا نَعْبُدُ ما يَعْبُدُ أُولئكَ الكافِرُونَ، وذلِكَ لإنَّنا آمَنَّا بِاللهِ الواحِدِ الأَحَدِ، وهُوَ خالِقُنا وخالِقُ كُلِّ شيءٍ.

نَحْنُ يا وَلَدِي، عَرفْنا اللهَ حَقَّ المَعرِفةِ، واطمأنَّتْ بِهِ قُلُوبُنا فآمَنَّا بِعُقُولِنا. أمَّا أُولئكَ الذينَ كَفَرُوا فَلَقَدْ عَمِيَتْ أَبْصارُهُم عَنْ آياتِهِ، وصَمَّتْ آذانُهُم عَنِ المُرْسَلِينَ، وغَفِلَتْ عُقُولُهُم عَنْ إدْراكِ كَمالِهِ سُبْحانَهُ وتَعالَى، وباتُوا لا يُؤمِنُونَ إلاَّ بِما يَرَوْنَ بِأَعْيُنِهِم، وتَلْمَسُهُ أَيْدِيهِم. لَقَدْ خَتَمَ اللهُ عَلَى قُلُوبِهِم، فأصْبَحُوا لِلحَقائِقِ مُنْكِرِينَ وصارُوا غَيْرَ الباطِلِ لا يُبْصِرُونَ.

STOP

مَحَطَة قواعد- Sign   Grammar   [2]

The meaning of the above statement أَنا لَسْتُ عَرَبِيُّ الكَلامِ is: I am not Arabic native speaker.

The Grammatical Stop Sign here is to discuss the negation of the verb in Arabic. Negation in Arabic could be reformed by using one of these particles ما or لا or لم . in this stop sign we will add this term of negation لَيْسَ means "not".e.g. He is not an Arabic native speaker هُوَلَيْسَ
عَرَبِيُّ الكَلامِ *and* هِيَ لَيْسَتْ عَرَبِيَّةُ الكَلامِ *and ,* أنتَ لَسْتَ عَرَبِيُّ الكَلامِ

و أَنا لَسْتُ عَرَبِيُّ الكَلامِ

هُوَ لَيْسَ مِنَ الهِنْدِ* هِيَ لَيْسَتْ مِنَ الهِنْدِ *أَنا لَسْتُ مِنَ الهِنْدِ * أَنْتَ لَسْتَ مِنَ الهِنْدِ * أَنْتِ لَسْتِ مِنَ الهِنْدِ *

يعمل التلاميذ في أداةِ النفي "لَيْسَ" تماماً كَما في المثالِ السَّابِقِ :

Conjugate لَيْسَ **exactly as it shown in the above example.**

ـ هُوَ مِنْ أَهْلِ مَكَّةَ وَ لَيْسَ مِنَ المَدِينَةِ المُنَوَّرَةِ.

ـ هَذا كِتابٌ في اللُّغَةِ العَرَبِيةِ فَقَط وَ .... كِتاباً في السِّيرةِ .

ـ أَنا تِلميذٌ في المَرْحَلةِ الإبْتِدائِيةِ وَ لَسْتُ في المَرْحَلةِ الإعداديةِ.

ـ أُمِّي تَصنَعُ الطَعامَ لَنا وَ لسنا نَشْتَرِيه جاهِزاً.

ـ أَعْتَقِدُ أَنَّكِ فِلسطِينيةٌ وَ لستِ لُبْنانِيةً أَوْ سُورِيَّةً.

أَرَادُوا الدِّينَ مُناصَفَةً

اقْرَأُوا الجُزْءَ الثّاني

قَيْسٌ: تُرَى ماذا يُريدُ المُشْرِكُونَ في مَكَّةَ مِنْ رَسُولِ اللهِ عَلَيْهِ الصَّلاةُ والسّلامُ؟

عَبْدُاللهِ : يا قَيْسُ ..لَقَدْ فَشِلَ الكُفّارُ والمُشْرِكُونَ في مَكَّةَ في هَزيمَةِ الرَّسُولِ الكَريمِ، وأرادُوا أَنْ يَعْمَلُوا حَلّاً وَسَطاً. فَلَقَد كانَ حَلُّ المُشْرِكينَ أَنْ يَعْبُدَ النّاسُ اللهَ عاماً، وفي العامِ الذي يَليهِ يَعْبُدُ الجَميعُ الأَصنامَ، وهَكَذا يَكُونُ الدِّينُ مُناصَفَةً بَيْنَ دِينِ اللهِ الحَقِّ وعِبادةِ الأَصنامِ الباطِلةِ!

قَيْسٌ: لَكِنَّ هَذا هُوَ الشِّرْكُ بِعَيْنِهِ ياعَبْدَاللهِ!

عبدُاللهِ: نَعَمْ هَذا هُوَ الشِّرْكُ بِعَيْنِهِ، ولِهَذا السَّبَبِ نَزَلَتْ سُورَةُ " الكافِرُونَ"، لِتُبْطِلَ هَذا الرَّأي الفاسِدَ، وتُثَبِّتَ دِينَ الحَقِّ، دِينَ التَّوْحِيدِ، دِينَ الإِسْلامِ العَظِيمِ .

	الأسئلة

يَقْرأُ التلاميذُ الأسئلةَ لِيجيبوا عنها :

1- عَنْ أيِ شيءٍ كانَ يَسألُ قَيْسٌ؟

2- كَيْفَ فَشِلَ الكُفّارُ في هَزيمَةِ الرَّسُولِ الكَريمِ؟

3- لِماذا كانَ المُشْرِكُونَ في مَكَّةَ يُحارِبُونَ المُسْلِمينَ؟

4- ما مَعْنَى الإِشْراكِ أو الشِّرْكِ بِاللهِ؟

5- ماذا طَلَبَ المُشْرِكُونَ مِنْ رَسُولِ اللهِ؟

6- لِماذا رَفَضَ الرَّسُولُ والمُسْلِمُونَ فِكْرَةَ المُشْرِكِينَ؟

7- ماهُوَ السَّبَبُ الذي نَزَلَتْ مِنْ أَجْلِهِ سُورَةُ "الكافِرُون"؟

8- ما هُوَ الأَمْرُ الذي جاءَتْ تؤكِّدُ عَلَيْهِ سُورَةُ "الكافِرُون"؟

-1

1- كانَ يَسألُ قَيْسٌ عن ماذا يريد المشركون من رسول اللهِ.

2- فَشِلَ الكُفّارُ في هَزيمَةِ الرَّسُولِ الكَريمِ في أنْ يعملوا حلاً وسطاً.

3- كانَ المُشْرِكُونَ في مَكّةَ يُحارِبُونَ المُسلِمِين ليبقوا على عبادة الأصنام.

4- مَعْنَى الإشْراكِ أو الشِّرْكِ بِاللهِ أن يجعلوا للهِ شريكاً في مُلكِه وعبادتِه.

5- طَلَبَ المُشْرِكُونَ مِنْ رَسُولِ اللهِ أن يعبدوا اللهَ عاماً ويعبدُ المسلمون الأصنام العام الذي يليه.

6- رَفَضَ الرَّسُولُ والمُسلِمُونَ فِكْرَةَ المُشْرِكِينَ لأنَّ موافقتهم تعني الشرك بالله.

7- السَّبَبُ الذِي نَزَلَتْ مَنْ أجْلِهِ سُورَةُ "الكافرون" كان لِتُبْطِلَ الشِّرْكَ بالله وتوقف عبادة الأصنام.

8- الأَمْرُ الذِي جاءَتْ تؤَكِّدُ عَلَيْهِ سُورَةُ "الكافرون" أنَّه لا معبودَ إلاّ اللهَ والإسلامُ هو دينُ التوحيد.

---

[2] <u>Fill in the blanks using either</u> هَذِهِ (F) or هَذا (M) or هَؤُلاءِ for plural

<u>لِيَمْلأوا الفَراغَ (هَذا) لِلْمُذَكَّرِ أو (هَذِهِ) لِلْمُؤنّثِ أو (هَؤُلاءِ) لِلْجَمْعِ</u>

- .... الشِّرْكُ بِعَيْنِه → **هَذا هُوَ** الشِّرْكُ بِعَيْنِه.

- .... عِبادَةُ الأصْنامِ → **هَذِه هِيَ** عِبادَةُ الأصْنامِ.

- .... الَّذِين يَعْبُدُونَ الأصْنامَ → **هَؤُلاءِ هُمُ** الَّذِين يَعْبُدُونَ الأصْنامَ.

- **هذه هِيَ** سُورَةُ "الكافِرُونَ".

- نَعَّمْ **هذِه هِيَ** أُخْتي في الرَّضاعَةِ.

- كانتْ عِبادَةُ الأصْنامِ **هذِه** واحِدَةً مِنَ الدِّيانِاتِ الكَثِيرةِ في الجَزِيرَةِ العَرَبِيَّةِ .

- ذِهابي إلى مَدْرَسَةِ القُرآنِ الكريمِ كانَ **هذا** حَلّاً لِدِراسةِ القرآنِ الكريمِ .

- **هؤلاءِ هُمُ** الذين أرادُوا أنْ يَعْبُدوا حَلّاً وسَطاً.

أَسَالِيبُ وتَراكِيبُ جَديدَةٌ

[3] [أَنا دِينِي الإِسْلامُ، وهَذا هُوَ .... بِعَيْنِهِ]

[أَنا دِينِي الإِسْلامُ، وهَذا هُوَ دِينُ التَّوْحِيدِ بِعَيْنِهِ]

يُطلبُ مِنَ التلاميذِ أن يعْمَلُوا تَماماً كَما فِي المِثالِ السابقِ :

– المُسلِمُونَ لا يَأْكُلُونَ ولا يَشْرَبُونَ فِي نَهارِ رَمَضانَ، وهَذا هُوَ الصَّوْمُ بِعَيْنِهِ.

– أَحسِنْ إلى النَّاسِ وعامِلْهُم بِالحُسْنَى، وهَذا هُوَ الإِحسانُ بعَيْنِهِ.

– بَعْضُ النَّاسِ يَقُولُونَ هَذا حَلالٌ وهَذا حَرامٌ وهُمْ لا يَعلَمُونَ، وهَذا هُوَالجَهْلُ بعينِهِ.

– كَثِيرٌ مِنَ النَّاسِ يَشْكُرُونَ اللهَ لَيْلاً ونَهاراً، وهَذا هُوَ الشُّكرُ بِعَيْنِهِ.

[5] يُطلبُ مِن التلاميذِ أنْ يستخرِجوا جذرَ الكلمةِ التاليةِ Find out the **root** of the word

شِرك   " المُشْرِكُونَ "

[6] يطلب من التلاميذِ أنْ يعملُوا مِنْ حُروفِ جَذرِالكَلمةِ السَّابِقةِ كَلماتٍ جَديدةً ويضَعُونها فِي المكانِ الخالي كما فِي المثالِ التالي:

– "إنَّ اللهَ لا يَغْفِرُ أَنْ .... بِهِ وَيَغْفِرُ مادُونَ ذَلِكَ لِمَنْ يَشَاءُ"

النساء48

– "إنَّ اللهَ لا يَغْفِرُ أَنْ يُشْرَكَ بِهِ وَيَغْفِرُ مادُونَ ذَلِكَ لِمَنْ يَشَاءُ"

يطلب من التلاميذ أنْ يعْمَلُوا التَّمارِينُ التاليةِ:

– سَالِمٌ ومَاجِدٌ يشتركانِ مَعَ بَعْضِهِمْ في مُسابَقَةِ حِفْظِ جُزْءِ عَمَّ .

– لِيشتركْ كُلُّ اثْنَيْنِ مِنَ التَّلاميذِ للقِراءَةِ فِي كِتابٍ واحِدٍ؟

– اشتَرَكَ ثَلاثَةٌ مِنَ العُمَّالِ في إِخْراجِ أَخِي الصَّغِيرِ مِنَ البِئْرِ.

– عَمِّي يَعْمَلُ في شَـرِكةٍ كَبِيرَةٍ لِصُنْعِ الأَثاثِ؟

– صَدِيقِي ماتَ والِدُهُ، ويَجِبُ عَلَيْنا أَنْ نُشارِكَهُ الحُزْنَ ونُقَدِّمَ لَهُ العَزاءَ؟

الضَّمائِر

أنا أعْبُدُ ــ أنْتَ تَعْبُدُ ــ هُــو يعْبُدُ ــ هِــيَ تَعْبُدُ ــ نحنُ نَعْبُدُ ــ أنتُم تَعْبُدون ــ هــم يعْبُدون

[8]

لِيَقْرَأوا ويمْلأوا الفَراغَ بِكَلماتٍ مِنَ النَصِّ التّالي

Read and fill in the blanks from the word bank

شِرْكٌ ــ الخِلافَ ــ الكافِرُون ــ اتْفاقاً ــ أبي طالب ــ آلِهَتَنا

جاءَ المُشْرِكُونَ مِنْ أَهْلِ مَكَّةَ إلى أبي طالبٍ يشْتَكُونَ مِنْ رَسُولِ اللهِ مُحَمَّدٍ عَلَيْهِ الصَّلاةُ والسَّلامُ وقالُوا لَهُ: إنَّ مُحَمَّداً يَسْفِّهُ آلِهَتَنا.

وإنَّا نَعْرِضُ عَلَيْهِ اتِفاقاً يَكُونُ بَيْنَنا وبَيْنَهُ حَتَّى نُنْهِيَ هَذا الخِلافَ فيما بَيْنَنا وهُوَ: أَنْ يَعْبُدَ مُحَمَّدٌ والمُسْلِمُونَ آلِهَتَنا سَنَةً، ونَحْنُ نَعْبُدُ إلَهَ مُحَمَّدٍ سَنَةً! وجاءَ الرَّدُ الإلَهِيُّ مِنَ السَماءِ في سُورَةِ الكافِرُون لِيَقُولَ لِكُلِّ النّاسِ:

إنَّ الإسْلامَ هُوَ دِينُ الحَقِّ والتَّوْحِيدِ، وإنَّ عِبادَةَ الأصْنامِ إنَّما هِيَ شِرْكٌ مِنْ عَمَلِ الشَّيْطانِ .

يطلب من التلاميذ أن يصلوا ما بَيْنَ الجُمَلِ والمُفْرَداتِ لأكوَنَ عباراتٍ ذاتَ مَعْنىً **9-** Match the words with the meanings on the other-side		
شِرْكٌ بِاللهِ **(1)**	**(4)**	سُورَةُ الكافِرُونَ
No Compromise (2)	**(1)**	عِبادَةُ الأصْنامِ
ولا أنْتُمْ عابِدُونَ ما أعْبُدُ **(3)** لا أعْبُدُ ما تَعْبُدُونَ	**(3)**	لا أعْبُدُ ما تَعْبُدُونَ
مَكِّيَّة **(4)**	**(5)**	لَكُمْ دِينُكُمْ
وَلِيَ دِينٌ **(5)**	**(6)** نَزَلَتْ السُورَةُ لِتَقُولَ لِلرَّسُولِ	نَزَلَتْ السُورَةُ لِتَقُولَ لِلرَّسُولِ
No association with Alla (6)	**(2)**	ولا أنا عابِدٌ ما عَبَدْتُمْ

أ - (1) سُورةُ "الكافِرونَ" سِتُّ آياتٍ (2) السُّورةُ خَمْسُ آياتٍ (3) السُّورةُ سَبْعُ آياتٍ.

ب- (1) نَزَلَتِ السُّورةُ لِتَرُدَّ بِعَدَمِ القَبُولِ (2) لِتَمْنَعَ أيَّ اتِفاقٍ مَعَ المُشْرِكينَ (3) الإجاباتُ كُلُّها صَحِيحَةٌ.

ج- (1) كانَ الاتِفاقُ أنْ تَكُونَ العِبادةُ مُناصَفةً (2) أنْ يَعبُدُوا اللهَ (3) أنْ يَعبُدُوا الأصنامَ.

د- (1) السُّورةُ نَزَلَتْ في المَدِينةِ (2) السُّورةُ نَزَلَتْ في مَكَّةَ بَعْدَ الهِجرةِ (3) السُّورةُ نَزَلَتْ في مَكَّةَ قَبْلَ الهِجْرةِ.

و- (1) الاتِفاقُ كانَ حَلّاً وَسَطاً مَقْبُولاً مِنَ الجميعِ (2) الاتِفاقُ حَلٌّ غَيْرُ مَقْبُولٍ مِنَ الجميعِ (3) الاتِفاقُ كانَ حَلّاً وَسَطاً مَرْفُوضاً مِنَ اللهِ ورسُولِهِ والمُسْلِمينَ أيْضاً.

مُفْرَدات تَعَلّمْتُها وأسْتَذْكِرُها

Find the singular form of the plural below: ليكْتُبُوا مُفْرَدَ الجُمُوعِ التالِيَةِ

[11] الأوْلادُ ⟵ | وَلَدٌ |

الآنَ ليكْتُبُوا مُفْرَدَ الجُمُوعِ التالِيَةِ :

الحُجَّاجُ	الأصنامُ	العابِدُونَ	الكافِرُونَ

ليكْتُبُوا عَكْسَ أو ضِدَّ الكَلِماتِ التالِيَةِ:

الصالِحينَ	التَوْحِيدُ	الصِّدْقُ	الكافِرُونَ

Crossword Game 12

			Disbeliever= **1-4-7-10**
س 3	أ 2	ك 1	Glass/ **Cup** = **1-2-3**
هـ 6	ي 5	ا 4	6-5-4 = كلمة للتوَجُّعْ- أوللنداء
ل 9	و 8	ف 7	9-8-7= حبوب أو بُقُول طعام
	ب 11	ر 10	11-10= اسمُ الله
			11-8-5-2= اسْمُ أحَدِ الأنبياء
			Easy =**3-6-9**

Act & Dramatize the lesson - يطلب من التلاميذ أن يمثِّلوا جانبً من الدَرْسَ فِي الصَّفَّ

الكَوْثَر

Al Kawthar

بِسْمِ اللهِ الرَّحْمنِ الرَّحِيمِ

1. إِنَّا أَعْطَيْنَاكَ الْكَوْثَرَ

2. فَصَلِّ لِرَبِّكَ وَانْحَرْ

3. إِنَّ شَانِئَكَ هُوَ الْأَبْتَرُ

نَهْرُ الكَوْثَر

الجَدُّ: هَلْ سَمِعْتَ يَاوَلَدِي عَنْ نَهْرِ الكَوْثَرِ؟

سامِي: نَعَم سَمِعْتُ عَنْهُ يَاجَدِّي، وَهُوَ نَهْرٌ مِنْ أَنْهارِ الجَنَّةِ، أَعطاهُ اللهُ لِنَبِيِّهِ المُصطَفَى عَلَيْهِ أَفْضَلُ الصَّلاةُ والسَّلامُ .

الجَدُّ: وَهَلْ تَعْرِفُ سَبَبَ النُّزُولِ يا سامِي؟

سامِي: لَيْتَك تُحَدِّثْنِي ياجَدِّي عَنْ نَهْرِ الكَوْثَرِأَكْثَرَ وأكثَر.

الجَدُّ: نَعَمْ .. لَقَدْ اشْتَدَّ عَداءُ المُشْرِكينَ مِنْ أَهْلِ مَكَّةَ للمُسْلِمينَ ولِلنَّبِيِّ، إلى حَدِّ أَنَّهُم وَصَفُوا النَّبِيَّ مُحَمَّداً عَلَيْهِ الصَّلاةُ والسَّلامُ بِالأَبْتَرِ!

سامِي: وماذا يَعْنِي الأَبْتَرُ ياجَدِّي؟

الجَدُّ: كانَ العَرَبُ يابُنَيَّ يُسَمُّونَ الذِي لَيْسَ لَهُ ذُكُورٌ يَحْمِلُونَ اسْمَهُ مِنْ بَعدِهِ بِـ "الأَبْتَرِ".

سامِي: أَلِهَذا السَّبَبِ أَنْزَلَ اللهُ سُورَةَ الكَوْثَرِ، التِي أَعْطى اللهُ فيها مُحَمَّداً عَلَيْهِ الصَّلاةُ والسَّلامُ نَهْراً فِي الجَنَّةِ اسْمُهُ "الكَوْثَرُ"؟

الجَدُّ: تَماماً يا بُنَيَّ .. أَحْسَنْتَ يا سَامِي، وهَذا هُوَ سَبَبُ النُّزُولِ بِعَيْنِه.

الأَسْئِلَة

1-

1- عَنْ أَيِّ شَيْءٍ كانَ الجَدُّ يَسْأَلُ؟

2- ماهُوَ الَّذِي سَمِعَ عَنْهُ سَامِي؟

3- ماذا كانَ يُرِيدُ سامِي أَنْ يَعْرِف مِنْ جَدِّهِ؟

4- إلى أَيِّ حَدٍّ اشْتَدَّ العَداءُ فِي أَبِي جَهْلٍ وأَهْلِ مَكَّةَ؟

5- ماذا كانَ العَرَبُ يُسَمُّونَ الذِي لا أَبْناءَ ذُكُوراً لَهُ؟

6- ماذا أَعْطى اللهُ نَبِيَّهُ مُحَمَّداً عَلَيْهِ الصَّلاةُ والسَّلامُ؟

7- ماهُوَ سَبَبُ النُّزُولِ؟

١- كانَ الجَدُّ يَسْألُ سامي عن نهر الكوثر؟

٢- سَمِعَ سَامي عن نهر الكوثر وهو هديةٌ من الله لنبيِّهِ.

٣- كانَ يُريدُ سَامي أَنْ يَعْرِفَ مِنْ جَدِّهِ أَكْثَرَ عن نهر الكوثرِ.

٤- اشْتَدَّ العَداءُ في أَبِي جَهْلٍ وأَهْلِ مَكَّةَحتى أنهم إلى حَدِ أَنَّهُم وَصَفوا النَّبيَّ مُحَمَّداً عَلَيْهِ الصَّلاةُ والسَّلامُ بِالأَبْتَرِ

٥-كانَ العَرَبُ يُسَمُّوْنَ الذي لا أَبْناءَ ذُكوراً لَهُ " الأبتر".

٦- أَعْطَى اللهُ نَبِيَّهُ مُحَمَّداً عَلَيْهِ الصَّلاةُ والسَّلامُ نهر الكوثرِ.

٧- سَبَبُ النُّزُولِ الردُّ على أبي لَهَبٍ وإكرام الله له بنهر الكوثرِ.

[2]Grammar — Sign - مَحَطَّة قواعد

" <u>فَصَلِّ لِرَبِّكَ</u> وَ <u>انْحَرْ</u> إنَّ شانِئَكَ هُوَ الأَبْتَرُ"

The meaning of the above statement is: Oh' Mohammad pray and sacrifice to your Lord; verily your enemy is he who will be the cut off !

The Grammatical Stop Sign her is to discuss the constructing the 2nd person Command Verb.

The underlined word صَلِّ and انْحَرْ were verbs in a command form. For the present tense form of the words could be composed by adding any of the four letters in front (أ،ي،ن،ت) e.g. (نَأتي) وليَسْهُلَ حِفْظُها بِللتَّلامِيذِ:

أنا أنحَرُ- أنْتَ تنْحَرُ- هو يَنْحَرُ- نحنُ نَنْحَرُ..وهكذا

Now do the same and make <u>present tense</u> يُطلب من التلاميذ أن يعْمَلُوا تَماماً كَما في المِثالِ التالي

exactly as it shown in the prevoius example: بإضافة حروف المضارعة للأفعال

[3]Add any of the four <u>present</u> letters(أ،ي،ن،ت) in front of the verbنَحَرَ:

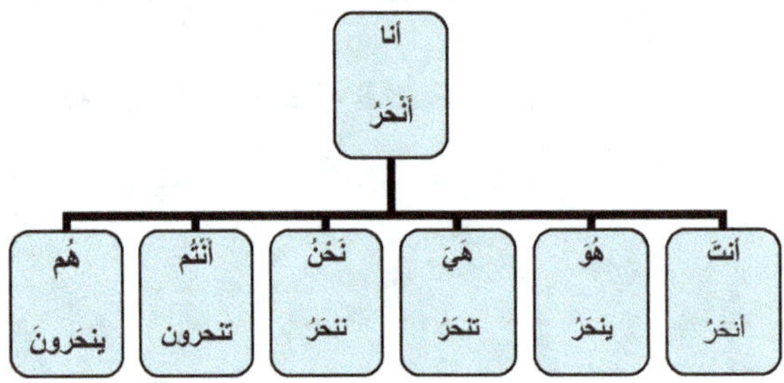

- يَأْمُرُنا اللهُ تَعَالَى أَنْ نُـصَلِّيَ لِهِ و نَـنْحَرَ - هِيَ أُخْتِي لَيْلَى تُـصَلِّي الفَجْرَ دائماً و تَـعْمَلُ واجِباتِها وتَـقْرَأُ القُرْآنَ.

- هُوَ ابْنُ عَمِّي حُسامٌ الذِي يَرْكَبُ سَيارَتَهَ ويَسُوقُها بِسُرْعَةٍ كَبِيرَةٍ.

- نَحْنُ المُسافِرُونَ إلى المَدينَةِ سَوْفَ نُصَلِّي في مَسْجِدَ الرَّسُولِ إنْ شاءَ اللهُ.

- هِيَ مُعَلِّمَةُ اللُّغَةِ العَرَبِيَّةِ التِي تُعَلِّمُنا دُروسَ السِّيرَةِ النَّبَوِيَّةِ.

- أنتُم الَّذِينَ تُعطُونَ الزكاةَ و تُطعِمونَ عَلَى الفُقَراءِ و المَساكين.

((2))

الأبتر عند العرب

اقرأُوا الجُزْء الثَّاني

تَقُولُ كُتُبُ التُّراثِ الأَدَبِي العَرَبِيّ والإِسْلامِيّ، أَنَّ واحِداً مِنْ سادَةِ قُرَيْشٍ، اسْمُهُ العاص بْنُ وائِلٍ، كان يَذْكُرُ رَسُولَ اللهِ بِسُوءٍ، فَكُلَّما جاءَ ذِكْرُ النَّبِيِّ عَلَى لِسانِ أَحَدٍ، كان يَعِيبُ عَلَى النَّبِيِّ ويَقُولُ: "مُحَمَّدٌ الأَبْتَرُ". وكان العَرَبُ قَبْلَ الإِسْلامِ، يُسَمُّونَ الذِي لَيْسَ لَهُ أَوْلادٌ يَحْمِلُونَ اسْمَهُ مِنْ بَعْدِهِ بِالأَبْتَرِ. والأَبْتَرُ هُوَ المَقْطُوعُ وهُوَ أَيْضاً الذِي لا خَيْرَ فِيهِ .

الأسئلة

1- مَنْ هُوَ العاصِ بْنُ وائِلٍ؟

2- ماذا تَقُولُ كُتُبُ التاريخ؟

3 - ماذا كانَ يَفْعَلُ العاصِ بْنُ وائِلٍ؟

4- لِماذا كانَ العَرَبُ قَبْلَ الإِسْلامِ يُسَمُّونَ البَعْضَ بِالأَبْتَرِ؟

5- لِماذا وَصَفَ المُشْرِكُونَ النَّبِيَّ بِـ " الأَبْتَر " ؟

1- العاصِ بْنُ وائِلٍ هو الذي كان يذكر الرسول بسوء.

2- تَقُولُ كُتُبُ التاريخ قصة العاص بن وائل.

3 – كان العاص بْنُ وائِلٍ يعيب على الرسول ويقولُ عنه الأبتر.

4- كانَ العَرَب قَبْلَ الإسْلام يُسَمُّونَ البَعْضَ بالأَبْتَر لذلك الإنسان الذي خلفه من أولاد يحملُون اسمه من بعد موتِه.

5- وَصَفَ المُشْرِكُونَ النَّبِيَّ بِـ " الأَبْتَر"لأنّه ليس لديه من يحمل اسمه من بعد موته.

[2] Fill in the blanks using either هذا (M) or هذه (F) or هؤلاء for plural

<u>يطلب من التلاميذ أن يعملوا تماماً كما في المثال التالي:</u>

مثال

- .... نَهْرُ الكَوْثَرِ. <u>هَذا هُوَ</u> نَهْرُ الكَوْثَرِ.

- .... الكَعْبَةُ المُشَرَّفَةُ. <u>هَذِهِ هِيَ</u> الكَعْبَةُ المُشَرَّفَةُ.

- .... المُشْرِكُونَ مِنْ أَهْلِ مَكَّةَ. <u>هؤُلاءِ هُمُ</u> المُشْرِكُونَ.

- **هذه هي** سُورَةُ الكَوْثَرِ التي طَيَّبَتْ نَفْسَ الرَّسُولِ و رَدَّتْ عَلَى المُشْرِكِينَ.

- **هؤُلاء هم** الذين آذَوا الرَّسُولَ عَلَيْهِ الصَّلاةُ والسَّلامُ.

- نَهْرُ الكَوْثَرِ واحِدٌ مِنْ **هذه** الأَنْهار العَظِيمَةِ في الجَنَّةِ.

- كانَتْ **هذه هي** أَسْبابُ النُّزُولِ لِسُورَةِ الكَوْثَرِ.

- كانَتْ **هذه هي** عادَةُ العَرَب يُعَيِّرُونَ البَعْضَ بِـ" الأَبْتَر".

أَسَالِيبُ وتَرَاكِيبُ جَدِيدَة

[3]

change the verbs into a يطلب من التلاميذ أن يجعلوا الأفعال بصيغة الأمرِ تَماماً كَما في المِثالِ التالي :

command or order verb tense exactly as it is shown in the example.

<u>كَتَبَتْ</u> سُعادُ الدَرْسَ بِسُرعةٍ
<u>أُكْتُبي</u> الدَّرْسَ يا سُعادُ بِسُرْعَةٍ

- <u>دَخَلَ</u> المَسْجِدَ لِصَلاةِ المَغْرِبِ – **ادخُلوا** المَسْجِدَ لِصَلاةِ المَغْرِبِ.

- <u>يُسَبِّحُونَ</u> بِحَمْدِ رَبِّهم   – **سَبِّحوا** بِحَمْدِ رِبِّكُم.

- هُم <u>يَذْكُرونَ</u> اللهَ بُكْرَةً وأَصِيلاً – **اذكُروا** اللهَ بُكْرَةً وأَصِيلاً.

- <u>نُكْثِرُ</u> مِنَ الصَّلاةِ والسَّلامِ عَلَى النَّبِيِّ في يَوْمِ الجُمْعَةِ – **أكْثِروا** مِنَ الصَّلاةِ والسَّلامِ عَلَى النَّبِيِّ في يَوْمِ الجُمْعَةِ.

[5] يطلب من التلاميذ أن يستَخرِجُوا جذرَ الكلمةِ

" يَحْمِلُونَ "
____

[6] يطلب من التلاميذ أن يعمَلُوا مِنْ حُرُوفِ جَذْرِ الكَلِمةِ كلماتٍ جَدِيدَةً ويضَعُوها في المَكانِ الخَالِي:

سادةُ القبائلِ .... الحَجَرَ الأَسْوَدَ مَعَ النَّبِيِّ وَ وَضَعُوهُ مَكانَهُ في جدارِالكَعْبَةِ

سادةُ القبائلِ <u>حَمَلُوا</u> الحَجَرَ الأَسْوَدَ مَعَ النَّبِيِّ وَ وَضَعُوهُ مَكانَهُ في جدارِالكَعْبَةِ

يطلب من التلاميذ أن يعمَلُوا تَماماً كَما في المِثالِ السَّابِقِ:

- حملَ سالِمٌ حقِيبَتَهُ عَلَى ظَهْرِهِ في المَدْرَسةِ كُلَّ يَوْمٍ.

- يقُولُ اللهُ تَعالَى: "رَبَّنا وَلا تَحْمِلْ عَلَيْنا إصْراً"

- يقُولُ اللهُ تَعالَى: "رَبَّنا وَلا تُحَمِّلْنا ما لا طاقَةَ لَنا بِهِ".

- النَّاسُ يَسِيرُونَ في الشَّارِعِ يحمِلون مِظَلاَّتٍ تَحْمِيهِم مِنَ الشَّمْسِ والمَطَرِ.

7-Match the words with the meanings on the other side

		مَعْنَى الكَوْثَر (5)
The pronoun (Inn'Na) refers to Allah (1)		العاصِ بنُ وائِلٍ (6)
Command (2)		إنّا أعطيناكَ الكَوْثَر (1)
Cut Off (3)		فَصَلِّ لِرَبِّك وأنْحَر (2)
سُورَة مَكِّية (4)		الأبْتَر (3)
The Abundance (5)		سُورَةُ الكَوْثَر (4)
Enemy of the prophet (6)		

[9]

لِيَقْرَأ التَلاميذْ وليملأوا الفَراغ بكَلِماتٍ مِنَ النّصِّ التالِي

Read and fill in the blanks from the word bank

يُطلب من التلاميذ أن يملأوا الفراغات بالكلمات الستة الموجودة أدناه:

الخاسِرُونَ ـ كِتابُهُ ـ يُنادَى ـ ذِكْر اللهِ ـ لِيَحْكُمَ ـ شِمالِهِ

يَوْمَ القِيامَةِ ينادى عَلَى كُلِّ أُمَّةٍ بإمامِها. وَيُؤْتَى بالأَنْبِياءِ والرُّسُل ليحكم اللهُ بَيْنَ النّاس بالعَدْل. فَمِنْهُم مَنْ يُؤْتَى كتابُهُ بِيَمِينِه وهَؤُلاء هُم المُفْلِحُون، ومِنْهُم مَنْ يُؤْتَى كتابُهُ بِشمالِه وأُولئِكَ هُمُ الخَاسِرونَ. واللهُ سُبْحانَهُ وتَعالَى وَعَدَ الَّذينَ أعْرَضُوا عَنْ ذِكْر اللهِ بِعِيشَةِ ضَنْكا أيْ ضَيَّقَةً.

10- يَطْلُبُ مِنَ التلاميذِ أَنْ يضعوا دائرةً أمامَ الجُمْلةِ الأَصَحَّ :

أ - (1) يَوْمَ القِيامَةِ يُنادَى عَلَى المُسْلِمينَ   (2) يُنادَى عَلَى أَهْلِ الكِتابِ   (3) يُنادَى عَلَى كُلِّ الخَلائِقِ وعَلَى كُلِّ أُمَّةٍ بِإمامِها.

ب- (1) يُؤْتَى يَوْمَ القِيامَةِ بِالأَنْبِياءِ   (2) يُؤْتَى بِالأَنْبِياءِ والرُّسُلِ   (3) يُؤْتَى بِالأَنْبِياءِ والنّاسِ والرُّسُلِ لِيُشْهِدَهُم عَلَى بَعْضٍ .

ج- (1) يَوْمَ القِيامَةِ يُؤْتَى النّاسُ كِتابَهُم بِيَمينِهِم   (2) يُؤتَوْنَهُ بِشِمالِهِم   (3) فَقَط المُفْلِحُونَ يُؤتَوْنَ كُتُبَهُم بِيَمينِهِم ، أَمّا الخاسِرُونَ فَيُؤتَوْنَ كُتُبَهُم بِشِمالِهِم .

د- (1) يومَ القِيامَةِ يَشْفَعُ الأنبياءُ لأمَّتِهم   (2) فقط سَيِّدُنا مُحمدٍ هو نبيُّ الشَفاعَةِ(3) لَسْتُ مُتأكِّداً .

و- (1) يُنادِي المُنادِي عَلَى كُلِّ أُمَّةٍ بِإمامِها لِيَحْكُمَ اللهُ بَيْنَ النّاسِ بِالعَدْلِ (2) يُنادَى عَلَى المسلمين فقط لِيَحْكُمَ اللهُ بَيْنَهُم بالعدل   (3) كُلُّ الإجاباتِ صَحيحَةٌ .

أَساليبُ وتَراكيبُ جَديدَةٌ

[11] يُطلب من التلاميذِ أَنْ يعْمَلُوا كَما في المِثالِ التالي:

يُنادِي المُنادِي عَلَى النّاسِ يَوْمَ القِيامَةِ ....بَيْنَهُم بالعَدْلِ   - (يَحْكُم)
يُنادِي المُنادِي عَلَى النّاسِ يَوْمَ القِيامَةِ لِيَحْكُمَ بَيْنَهُم بالعَدْلِ

ـ فَتَحْتُ بابَ الحَديقَةِ لأرى جَمالَ الزُهُورِ.   (يَرَى)

ـ صَلَّيْتُ الفَرْضَ جَماعَةً لأكسَبَ الأَجْرَ والثَّوابَ .   (يَكْسِب)

ـ صُمْتُ الأيّامَ السِّتَّةَ مِنْ شَوّالَ لأتْبَعَ سُنَّةَ رَسُولِ اللهِ .   (يَتْبَع)

ـ ذَهَبْتُ إلى البَحْرِ الأَحْمَرَ لأسْبَحَ في مِياهِهِ الدافِئَةِ.   (يَسْبَح)

ـ قرأْتُ سُورَةَ الضُّحَى لأجِدَ أشيائيَ الضائِعَةَ .   (يَجِد)

Crossword Game 12

ن 3	ا 2	ك 1	River in Janna= 1-4-7-10
هـ 6	ج 5	و 4	Past tense of (is)in Arabic **1-2-3**
ب 9	و 8	ث 7	Face = 4-5-6
	ب 11	ار 10	Negation letter =**7-6**
			Dress =7-8-9
			Name of Allah =10-11
			Traveling every where =2-5-8-11
			Stole=3-6-9

الماعون

الجَدُّ : يا عَبْدَاللهِ أَرَأَيْتَ الَّذي يُكَذِّبُ بِالدّينِ؟

عَبْدُاللهِ: لا يا جَدّي عَلِّمْني ذَلِكَ الذي يُكَذِّبُ بِالدّينِ.

سَلمَى: ومَنْ هُوَ هَذا الّذي يُكَذِّبُ بِالدّينِ يا جَدّي؟

الجَدُّ : يا أَبْنائي الّذي يُكَذِّبُ بِالدّينِ لَهُ أوصافٌ كَثيرةٌ، أَهَمُّها الَّذي يَدُعُّ اليَتيمَ، ويُكَذِّبُ بِيوْمِ الحِسابِ، وكَذَلِكَ لا يَحُضُّ عَلَى طعامِ الفُقَراءِ والمَساكينِ.

عَبْدُاللهِ: وما هُوَ يَوْمُ الحِسابِ ياجَدّي؟

الجَدُّ: هُوَ يَوْمُ القِيامَةِ يا وَلَدي الّذي يَبْعَثُ اللهُ فيهِ النّاسَ مِنْ قُبورِهِم، لِيُحاسِبَهُم عَنْ أَعْمالِهِم في الحَياةِ الدُّنْيا، إمّا خَيْراً فَخَيْرٌ، وإمّا شَرّاً فَشَرٌّ.

عَبْدُاللهِ: وكَيْفَ يَدُعُّ الإنسانُ اليَتيمَ؟

الجَدَ : يا وَلَدي يَدُعُّ الإنسانُ اليَتيمَ عِنْدَما يَمْنَعُ الخَيْرَ، وعِنْدَما يَمْنَعُ الطعامَ عَنْ الأيْتامِ والفُقَراءِ والمُحْتاجينَ .

[1]

الأسئلة

الإجابة :

1- عَنْ أيِّ شَيءٍ كانَ الجَّدُ يَسْألُ؟

1- كانَ الجَّدُ يَسْألُ عَنِ الذي يكذِّبُ بالدين.

2- عَنْ أيِّ شَيءٍ كانَ عَبدُالله يَسْألُ جَدَّهُ ؟

2- كانَ عَبدُالله يَسْألُ جَدَّهُ ومَنْ هُوَ هَذا الَّذي يُكَذِّبُ بالدِّينِ.

3- مَنْ هُوَ الَّذي يُكَذِّبُ بالدِّينِ؟

3- الَّذي يُكَذِّبُ بيوْمِ الحِسابِ هو الذي يدُعُّ اليتيمَ و لا يَحُضُّ عَلَى طَعامِ المسكين.

4- كَيْفَ يُكذِّبُونَ المُكذِّبُونَ بالدِّينِ؟

4- يُكذِّبُ المُكذِّبُونَ بالدِّينِ أنَّهم ينكرون البعث.

5- ماذا يَقُولُ اللهُ للمُكذِّبِينَ؟

5- يَقُولُ اللهُ للمُكذِّبِينَ أنَّهُ لا حياةَ بعد الموت إلاَّ حياتنا الدنيا.

[2]Grammar - Sign - مَحَطَة قواعد

" أَرَأَيْتَ الَّذي يُكَذِّبُ بالدِّينِ " ؟

This is a questioning sentence form; by adding (الهَمْزَة) *Al hamza* to the verb or to the noun in the beginning of the sentence, then you develop a questioning

form of speaking like أَ + رَأَيْتَ as if you are saying هَلْ رأَيْتَ

أَ رَأَيْتَ الَّذي يُكَذِّبُ بالدِّينِ ؟ هَلْ رَأَيْتَ الَّذي يُكَذِّبُ بالدِّينِ ؟

يطلب من التلاميذ أنْ يعْمَلُوا كُلَّ جُملةٍ مِنَ الجُمَلِ تَماماً كَما في المِثالِ السابِقِ :

1أ / رأيتَ الَّذي يدُعُّ اليَتيمَ ؟ - هل / رأيتَ الَّذي يدُعُّ اليَتيمَ؟

2- أ / رأيتَ الَّذين لا يَحُضُّونَ عَلَى طَعامِ المِسْكِينِ؟ هل / رأيتَ الَّذينَ لا يَحُضُّونَ عَلَى طَعامِ المِسْكِينِ؟

3- أ رأيتَ الَّذينَ يُراؤونَ ويَمْنَعُونَ الماعُونَ ؟هل رأيتَ الَّذينَ يُراؤونَ ويَمْنَعُونَ الماعُونَ؟

4- أ رأيتَ الَّذينَ يُجاهِرُونَ بالإفطارِ في رمَضانَ؟ هل رأيتَ الَّذينَ يُجاهِرُونَ بالإفطارِ في رَمَضانَ؟

5- أ رأيتَ الَّذينَ يَنامُونَ عَنْ صَلاةِ الفَجْرِ ؟ هل رأيتَ الَّذينَ يَنامُونَ عَنْ صَلاةِ الفَجْرِ؟

(2)

طَعامُ الفُقَراءِ

عَبْدُاللهِ: ياجَدّي لِماذا تَقُولُ الآياتُ الكَريمَةُ "وَيْلٌ للمُصَلِّينَ"؟

الجَدُّ: ياعَبْداللهِ الوَيْلُ هُوَ لِأُولَئِكَ النّاسِ الَّذينَ يَسْهُونَ ويَتَهاوَنُونَ في أمْرِ الصَّلاةِ، أَو يَتَأَخَّرُونَ عَنْ عَمَلِ الخَيْرِ. وكَذلِكَ النّاسَ الَّذينَ يُراوُونَ النّاسَ في صَلاتِهِم، وفي الطّعامِ يَبْخَلُونَ!

سَلْمَى: انْتَظِرْ يا جَدّي انْتَظِرْ..! لَقَدْ قُلْتَ أَشْياءَ كَثيرَةً، ولا أَعْرِفُ مَعْناها؟

الجَدُّ: يا أَبْنائي الوَيْلُ هُوَ الوَعْدُ بِعَذابٍ شَديدٍ، لِأُولَئِكَ الَّذينَ يَتَظاهَرُونَ بِالصَّلاةِ، ولا يُصَلُّونَها في أَوْقاتِها،أَوهُم لا يُصَلُّونَها أَصْلاً كَما حَدَّدَها الشَّرْعُ.

سَلْمَى: وكَيْفَ لا يَحْرِضُّونَ عَلَى طَعامِ المِسْكينِ؟

الجَدُّ: أَعْني أَنَّهُم لا يُقَدِّمُونَ الطَّعامَ لِلْمَساكينِ، ورُبَّما بَعْضُهُم مَنْ يَمْنعُونَهُ عَنْهُم، وذَلِكَ أَمْرٌ كَبيرٌ عِنْدَ اللهِ رَبِّ العالَمينَ يا أَبْنائي !

1-	

1 - لِمَنْ الوَيْلُ؟

2- بِماذا أَجابَ الجَدُّ عَبْدَاللهِ؟

3 – لِماذا طَلَبَتْ سَلْمَى مِنَ جَدِّها أَنْ يَنْتَظِرَ قَليلاً؟

4- ماذا يَفْعَلُ المُصَلُّونَ السّاهُونَ؟

5- كَيْفَ يَتَظاهَرُ بَعْضُ المُصَلِّينَ أَمامَ النّاسِ؟

1- الوَيْلُ لبعض الناس المصلّنَ .

2- أجابَ الجَدُّ عبدَاللهِ بأنَّ الوَيْلَ لأولئكَ النَّاسِ الَّذِينَ يَسْهُونَ ويتَهاوَنُونَ في أمرِ الصَّلاةِ.

3 – طلَبَتْ سلْمَى مِنَ جَدِّها أن يَنْتَظِرَ قَليلاً لأنَّهُ قال كلاماً كثيراً لم تفهمهُ.

4- بعضُ المضلِّينَ يتظاهرون في صلاتهم

5- يَتَظاهَرُ بَعْضُ المُصَلِّينَ أمامَ الناسِ إذ يتأخَّرون في عملِ الخيرات ولا يحضُّون عليها.

1-

[2] يطلبُ مِنَ التلاميذ أنْ يمْلأُوا الفراغَ (هَذا) للمُذكَّرِ أو (هَذِهِ) للمُؤنَّثِ أو (هؤلاء) للجَمعِ

مثال

– .... يَوْمُ الدِّينِ   هَذا يَوْمُ الدِّينِ.

– .... سِجَّادَةُ الصَّلاةِ   هَذِهِ سِجَّادَةُ الصَّلاةِ .

– هـذا ماعُونُ الطعَامِ .

– هـذا هُوَ الكافِرُ الَّذي يُكَذِّبُ بِيوْمِ الدِّينِ.

– يا صاحِبي انْظُرْ هُناكَ هـذهِ هِيَ كَنيسَةُ القِيامَةِ.

– اقْرَأ يا وَلَدِي مِنْ هُنا فـهذهِ السُّورَةُ هِيَ سُورَةُ الماعُونِ.

– نعَمْ هـذهِ مَواعِينُ للمطبخِ تَلْزَمُنا في الرِّحْلَةِ، لَقَدْ أحْضَرْناها مَعنا.

– هـذهِ لَيْلَةُ القَدْرِ فَهِيَ خَيْرٌ مِنْ ألفِ شَهْرٍ .

أسالِيبُ وتَراكِيبُ جَدِيدَةٌ

يطلب من التلاميذ أن يعْمَلُوا تَماماً كَما في المِثالِ التّالي مِنَ الآياتِ الكَريمَةِ :

[3]

[.........لِلمُصَلِّينَ الَّذِينَ هُمْ عَنْ صَلاتِهِم ....] :

[وَيْلٌ للمُصَلِّينَ الَّذِينَ هُمْ عَنْ صَلاتِهِم ساهُونَ]

- وَيْلٌ لِمَنْ لا يَخْشَى اللهَ.

- وَيْلٌ لِلَّذِينَ يَتَهاوَنُونَ فِي أَمْرِ الصلاةِ و فِي عملِ الخَيراتِ.

- وَيْلٌ لِلَّذينَ يُجاهِرُونَ بِالإفْطارِ فِي شَهْرِ رمضانَ الفضيل.

- وَيْلٌ لِلَّذِين يُراؤونَ فِي صَلاتِهِم، و وَيْلٌ للذين يَمْنَعُونَ الماعُونَ.

- وَيْلٌ لِلَّذِينَ لا يَحُضُّونَ عَلَى طَعامِ الفقراء والمساكين.

[4] مثال

: [أُريدُ ياجَدّي أَنْ تُفَسِّرَ لَنا الآياتِ ....]

[أُريدُ ياجَدّي أَنْ تُفَسِّرَ لَنا الآياتِ آيةً   آية]

يطلبُ من التلاميذِ أنْ يعْمَلُوا تَماماً كَما فِي المثالِ السَّابِق :

- أَبِي يَقْرأُ حُرُوفَ الرِسَالةِ حرفاً   حرفاً.

- تُريدُ أُخْتِي أَنْ تَغسِلَ أَثوابَها ثَوباً   ثَوْباً.

- شَرَحَ المُعلِّمُ فُرُوضَ الصّلاةِ فرضاً   فَرضاً.

- قَدَّمْتُ الكَعْكَ للأولادِ فِي الصَّفِ كَعكَةً   كَعكَةً.

[6] يُطلبُ من التلاميذِ أنْ يسْتَخْرِجُوا جَذْرَ الكَلِمَةِ :

" طَعامٌ "   (طَعَمَ)

[7] يطلبُ من التلاميذِ أن يعْمَلُوا مِنْ حُرُوفِ جَذرِ الكَلِمةِ [طَعَمَ] كَلِماتٍ جَديدَةً ويضَعُوها فِي مكانِها فِي الجُمَلِ التاليةِ :

- يَقُولُ اللهُ تَعَالَى: "فَلْيَعْبُدُوا رَبَّ هَذَا البَيْتِ الَّذِي .... مِنْ جُوعٍ وآمَنَهُمْ مِنْ خَوْفٍ ".

- هَذَا **الطَعامُ** فاسِدٌ فَهُوَ غَريبُ **الطَعْمِ**.

- مِنْ أَشْكالِ الصَّدَقةِ إطعامِ الفُقَراءِ والمَساكِينَ أَوْ كُسْوَتُهُم .

- في مَدِينَتِنا يُوجَدُ **مطاعِمٌ** كَثيرةٌ جِداً للأطعمَةِ البحرِيَّة.

- ماءُ زَمْزَمَ لَهُ **طَعْمٌ** مُمَيَّزٌ ولَيْسَ لَهُ لَوْنٌ أَوْ **طَعْمٌ** أَوْ رائِحَةٌ.

8-Conjugate the verb أَمْنَعُ مع الضَمائرِ الفِعلَ يُصَرِّفُوا أن التلاميذ من يُطلب

أَنا أَمنَعُ – أَنتَ تَمنَعُ – هُوَ يَمنَعُ- هِي تَمنعُ- نَحنُ نَمنعُ – أَنتم تمنعون – هُـــم يمنعون

9-- Match the words with the meanings on the other-side | يُطلب من التلاميذ أن يَصلوا ما بَيْن الجُمل والمُفرَدات ليكوّنوا عِبارات ذاتَ مَعنى

One day they all will swear together (1)	الوَيْلُ للسَّاهِين عَنِ الصَّلاةِ (4)
It is they who are the liars (2)	الكَعْبَة مِنَ المُقَدَساتِ (5)
Some people are procrastinate (3)	جاءَ الصَّادقُ الأمينُ (6)
Woe to those who they away from the payer (4)	يَحْسَبُونَ أنَّهُم عَلَى شَيءٍ إلاّ أنَّهُم كاذِبُون (2)
The house of Allah (5)	يَوْمَ يَبْعَثُهُم اللهُ جَميعاً فَيَحْلِفُون (1)
Here is the true and the honest one (6)	بَعْضُ النّاسِ يُسَوِّفُون (3)

طَعاماً ـ أَوْقاتِها ـ يُكْذِّبُ ـ الماعُون ـ القِيامَة ـ المِسكِين ـ يَنْحَر

المُسلِمُ الحَقُّ هُوَالَّذي يُصلّي الصّلاةَ بخُشوعٍ في **أوقاتِها** ،و يَصُومُ رَمَضانَهُ. ويخافُ رَبَّهُ **ولا يُكَذِّبُ** أَبَداً. و يُصَدِّقُ بيوْمِ **القيامة** ولا يَدُعُّ اليَتيمَ، ويحُضُّ عَلَى طَعامِ **المسكين** .ويقُولُ المُفَسِّرُونَ: إنَّ مِنْ أَسْبابِ نُزُولِ سُورَةِ **الماعون**، أَنَّ أَحَدَ أَغْنياءِ قريشٍ كانَ **يَنْحَر** جَمَلَيْنِ كلَّ أسبُوعٍ، وفي يَوْمٍ جاءَهُ صَبِيٌّ يتيمٌ وطَلَبَ مِنْهُ **طعاماً** فنَهَرَهُ بالعَصاةِ، فحَزِنَ اليَتيمُ، فَنَزَلَتْ السُورَةُ الكَريمَةُ.

11- يُطلبُ من التلاميذ أنْ يضَعُوا دائرةً أمامَ الجُمْلةِ الأكْثَرَصِحَّةٍ :

(1) المُسْلِمُ يُصلّي أحياناً (2) المُسْلِمُ يُصلّي الصّلَواتِ دائماً (3) المُسْلِمُ يُصلّي الصّلَواتِ الخَمْسَ دائماً فى أوقاتِها.

بـ (1) المُسلِمُ يَصُومُ دائماً (2) يَصُومُ في رَمَضانَ فَقَط (3) يَصُومُ في رَمَضانَ ويَصُومُ تطَوُّعاً في غَيْرِ رَمَضانَ.

و- (1) المُؤمنُ لا يُكَذِّبُ بيوْمِ الدِّين (2) المُؤمنُ لا يَدُعُّ اليَتيمَ ولا يَحُضُّ عَلَى طَعامِ المِسْكين (3) المُؤمنُ يُصَدِّقُ بِيوْمِ القيامَةِ ولا يَدُعُّ اليَتيمَ ويَحُضُّ عَلَى طَعامِ المِسْكين .

ع- أَسْبابُ النُّزُولِ أَنَّ رَجُلاً مِنْ قُرَيْشَ كانَ لا يُطْعِمِ الفُقَراءَ (2) أَنَّ رَجُلاً مِنْ قُرَيْشَ كان عِندَهُ خَيْرٌ كَثيرٌ مَنَعَ الطَّعامَ عَنْ اليَتيمِ ونَهَرَهُ (3)أَنَّ رَجُلاً مِنْ قُرَيْشَ كانَ يَنْهَرُ النّاسَ بالعَصاةِ.

[12] يُطلبُ من التلاميذ أَنْ يعْمَلُوا كَما في المِثالِ التالي مِنَ الآياتِ الكَريمَةِ :

يَقُولُ اللهُ تعالَى: [..... لِلْمُصَلّينَ الّذينَ هُمْ عَنْ صَلاتِهِم ساهُونَ]

[وَيْلٌ لِلْمُصَلّينَ الّذينَ هُمْ عَنْ صَلاتِهِم ساهُونَ]

- يَقُولُ اللهُ تَعالَى: [وَيْلٌ لِكُلِّ هُمَزَةٍ لُمَزَةٍ] سُورة الهُمزة

- يَقُولُ اللهُ تعالَى: [وَيْلٌ لِكُلِّ أَفَّاكٍ أَثِيمٍ] سُورة الجاثية

- يَقُولُ اللهُ تعالَى: [وَيْلٌ لِلْمُطَفّفِينَ] سُورة المُطَفّفِين

Crossword Game (13)

7 م	6 ر	5 ي	Throw Present tesns = 5-6-7
10 ع	9م	8 س	Listened = 8-9-10
13 ك	12 ا	11 هـ	Take = 11-12-13
	15 د	14 و	Getting distract = 5-8-11-14

قُرَيْش

بِسْمِ اللهِ الرَّحْمنِ الرَّحِيمِ

1. لِإيلَافِ قُرَيْشٍ
2. إِيلَافِهِمْ رِحْلَةَ الشِّتَاءِ وَالصَّيْفِ
3. فَلْيَعْبُدُوا رَبَّ هَذَا الْبَيْتِ
4. الَّذِي أَطْعَمَهُمْ مِّنْ جُوعٍ وَآمَنَهُمْ مِّنْ خَوْفٍ .

اقْرَأُوا الْجُزْءَ الأَوَّلَ (1)

رِحْلَتَا الشِّتَاءِ وَالصَّيْفِ

وَقَفَتْ مَنَارُ أَمَامَ الْفَصْلِ تَتَحَدَّثُ عَنْ رِحْلَتَيِّ الشِّتَاءِ وَالصَّيْفِ، في مَوْضُوعِها الذي طَلَبَتْهُ مُعَلِّمَةُ الْفَصْلِ، وقالت: لَقَدْ شَرَّفَ اللهُ مَكَّةَ في الأرضِ وَجَعَلَ الْكَعْبَةَ فيها، وجَعَلَها وسَطَ الْحِجازِ مابَيْنَ الشَّامِ وَالْيَمَنِ. و ظَلَّتْ تَهْوِي إلَيْها قُلُوبُ الْبَشَرِ، مِنْ كُلِّ مكانٍ في الدُّنْيا، لِلتَّواصُلِ وللعبادَةِ والتجارَةِ في كُلِّ زَمانٍ. ولَقَدْ أَلِفَتْ قُرَيْشٌ السَّفَرَ في الصَّحراءِ للتِّجارَةِ. فكانُوا يَذْهَبُونَ للتجارَةِ إلى الشَّامِ، لِحلاوَةِ جَوِّها في الصَّيْفِ، ويذهبُونَ إلى الْيَمَنِ لِدِفْئِها في الشِّتَاءِ. ولَقَدْ أَمَنَهُمُ اللهُ مِنْ خَطَرِ الصَّحْراءِ، و وَعَدَهُم في الْقُرْآنِ بالأمْنِ مِنَ الجُوعِ ومَخاطِرِ الخَوْفِ في السَّفَرِ، إذا هُمْ شَكَرُوا الله وعَبَدُوهُ حَقَّ عِبادَتِهِ، وتَرَكُوا عَنْهُم عِبادَةَ الأَصْنامِ.

-1

1- وَقَفَتْ منارٌ أمامَ الفَصْلِ تتحدّضُ عن رحلتيْ الشتاء والصيف.	1- عَنْ أيّ شَيْءٍ وَقَفَتْ تَتَحَدَّثُ منارٌ أمامَ الفَصْلِ؟
2- يُسافِرُ القُرَشِيُونَ فِي الشِّتاءِ إلى اليمن.	2- إلى أيْنَ يُسافِرُ القُرَشِيُونَ فِي الشِّتاءِ؟
3- أَصِفُ شتاء اليمن بأنه دافئٌ، وصَيْفَ الشام بارداً.	3- بماذا تَصِفُ شِتاءَ اليَمَنِ؟ وبِماذا تَصِفُ صَيْفَ الشامِ؟
4- وَعَدَ اللهُ قُرَيْشاً إذا تَرَكُوا عِبادَةَ الأصنامِ بأنْ يؤمِّنَهم من الجوعِ والخوْفِ.	4- ماذا وَعَدَ اللهُ قُرَيْشاً إذا تَرَكُوا عِبادَةَ الأصنامِ؟

STOP

مَحَطَة قواعد- **Grammar** **Sign** [2]

وَقَفَ كُلُّ تِلْميذٍ فِي الصَّفِّ

ونَقُولُ: وَقَفَ كُلُّ التَلاميذِ فِي الصَّفِّ.

Here (كُلُّ) is a noun which means "each" or "every" and sometimes means "all" depending upon the context. كُلُّ is followed by an indefinite / definite singular or plural noun, For example, كُلُّ التَلاميذِ or كُلَّ تِلْميذٍ means "each student" or "all students". **: Exactly as it shown in the following example**

[كَتَبْتُ .... فِي الدَّرْسِ] ⟵ كَتَبْتُ كُلَّ كَلِمَةٍ فِي الدَّرْسِ

Singular form

[كَتَبْتُ .... فِي الدَّرْسِ] ⟵ كَتَبْتُ كُلَّ الكَلِماتِ فِي الدَّرْسِ

Singular form

يُطلَبُ مِنَ التلاميذِ أَنْ يعمَلُوا تَماماً كَما فِي المِثالِ أَعْلاهُ:

ـ شَرِبْتُ كلَّ دواءٍ فِي المُسْتَشْفَى .   (دَواء)

ـ تَكَلَّمْتُ مَعَ كلّ المدرسينَ فِي المَدْرَسَةِ .   (مُدَرِّسِين)

ـ هَذِه المُعَلِّمَةُ تُعَلِّمُنا كلَّ الموادِّ المَدْرَسِيَّةِ .   (مَواد)

ـ هَؤُلاءِ كلُّ الأصدقاءِ الَّذِينَ حَضَرُوا الحَفْلَةَ . (أصْدِقاء)

ـ أَكَلْتُ كلَّ الطعامِ الَّذِي عَلَى المائدةِ . (طعام)

(2)

القرأوا الجُزءَ الثاني   يا صَيْفَ الشَّامِ وشِتاءَ اليَمَنِ

الشَّامُ: أَنا الصَّيفُ .. أَنا الصَّيفُ، صَيْفُ الفَواكِهِ والثِّمارِ، يَأْتي إِليَّ القُرَشِيُونَ وأَهْلُ الجَزيرَةِ مِنْ كُلِّ مَكانٍ، فِيَّ الهَواءُ والنَّسِيمُ العَلِيلُ، وفِيَّ النَّماءُ والخَيْرُ العميمُ!

اليَمَنُ: اسمَعْ ياصَيْفَ الشّامِ اسمَعْ! فَنَحْنُ يأْتِي إِلَيْنا أَهْلُ قُرَيْشٍ، بأَطْيَبِ التُّمورِ ويَحْمِلُونَ إِلَيْنا الرَّوائِحَ والعُطُورِ، ويَأْخُذُونَ مِنْ أَسْواقِنا التَّوابِلَ والأَقْمِشَةَ، وكُلَّ أَنْواعِ البُخُورِ!

الشّامُ: لَوْ تَعْلَمُ يا شِتاءَ اليَمَنِ، أَنَّ العَرَبَ يَحْمِلُونَ إِلَيْنا فِي كُلِّ عامٍ، التَّوابِلَ والبُخُورَ والذَّهَبَ، ويَأْخُذُونَ مِنْ أَسْواقِنا التِّينَ والعِنَبَ، والفَواكِهَ والطُّيوبَ، والقَمْحَ والسِكاكِرَ، والحَرِيرَ واللَّيْمُونَ، والزَّيْتَ والزَّيْتُونَ، وسُكَّرَ القَصَبِ.

اليَمَنُ: يا شامُ .. ياشامُ رِحْلَةُ الشِّتاءِ إِلَيْنا، ورِحْلَةُ الصَّيفِ يا شامُ إلَيْكُم..و تُحِبُّ قُرَيْشُ الرِّحلتيْنِ، رِحْلَةَ الشّتاءِ.. والصَّيْفِ الإثْنَتَيْنِ.

-1

الإجابة	الأسئلة
1 - يَأْتِي أَهْلُ الجَزِيرَةِ من كلِّ مكانٍ. 2- يَحْمِلُ أَهْلُ قُرَيْشٍ إلى اليَمَنِ التمور والورائح والعطورِ، ويَأْخُذُونَ مِنْها التوابلَ والبخورَ. 3 - يَأْخُذُ أَهْلُ قُرَيْشٍ إلى الشّامِ التوابل والبخور والذهبَ. و مِنْها يُحْضِرُون التين والعنب وسكَّرَ القَصَبِ. 4- أحبُّ الفصول عند العرب الشتاء إلى اليمن والصيف إلأى الشام. 5- يحبون الفصلين للتجارة وحلاوة الجوِّ في الفصلينِ.	1 - مِنْ أَيْنَ يَأْتِي أَهْلُ الجَزِيرَةِ؟ 2- ماذا يَحْمِلُ أَهْلُ قُرَيْشٍ إِلى اليَمَنِ؟ وماذا يَأْخُذُونَ مِنْها؟ 3 - ماذا يَأْخُذُ أَهْلُ قُرَيْشٍ إلى الشّامِ؟ وماذا مِنْها يُحْضِرُون؟ 4- أيُّ الفُصُولِ أَحَبُّ عِنْدَ العَرَبِ؟ 5- لِماذا كانَ العَرَبُ يُحِبُّونَ الفَصْلَيْنِ؟

[2] يُطلبُ من التلاميذ أنْ يملأوا الفَراغَ (هَذا) للمُذكَّر أو (هَذِه) للمُونَّث أو (هؤُلاءِ) للجَمعِ

ـ فَلْيَعْبُدُوا رَبُّ .... البَيْتِ.

فَلْيَعْبُدُوا رَبُّ هَذا البَيْتِ .

ـ .... رِحْلَةَ الشِّتاءِ والصَّيْفِ

هَذِه هِيَ رِحْلَةُ الشِّتاءِ والصَّيْفِ

هؤُلاءِ هُمُ أَهْلُ الجَزِيرَةِ

يُطلبُ من التلاميذ أنْ يعْمَلُوا تَماماً كَما في المِثال السابق :

ـ **هذه هي سُورَةُ قُرَيْشٍ .**

ـ **هؤُلاءِ هُـم أَهْلُ الشَّام واليَمَنِ.**

ـ **"فَلْيَعْبُدُوا رَبَّ هَذا البَيْتِ الَّذي أَطْعَمَهُم مِنْ جُوعٍ وآمَنَهُمْ مِنْ خَوْفٍ"**

ـ **كانَتْ هـذِه هِـي قِصَّةُ أَهْلِ مَكَّةَ مَعَ رِحْلَةِ الشِّتاءِ والصَّيْفِ .**

أَسَالِيبُ وتَرَاكِيبُ جَدِيدَةٌ

What is the (WA) (و) the conjunction letter? The answer is: when there are two words that have the definite article or without *(waw)* (الواو) (That comes between them and that means (and), that is the conjunction.The (and و) get place right in the middle between the two words. **Example:**

[3] [جاءَ مُحَمَّدٌ .... أَخُوهُ] ← جاءَ مُحَمَّدٌ و أَخُوهُ .

[يَتَساوَى الغَنِيُّ ... الفَقِيرُ] ← يَتَساوَى الغَنِيُّ و الفَقِيرُ

يطلب من التلاميذ أن يسْتَخْدِمُوا (الواو) واو العَطْفِ و اعْمَلُوا تَماماً كَما فى المِثال السَّابِق:

ـ أَشْهَدُ أَنْ لا إلهَ إلّا اللهُ و أَشْهَدُ أَنَّ مُحَمَّداً رَسُولُ اللهِ.

ـ هَذا عَبْدُاللهِ و هَذا أَخُوهُ.

ـ وَصَلَ المُعَلِّمُ والتَّلامِيذُ في وَقْتٍ واحِدٍ.

ـ تَناوَلَ الأَبْناءُ طَعامَ الإفْطارِ و ذَهَبُوا إلى مَدارِسِهم.

[5] يطلب من التلاميذ أن يسْتَخْرِجُوا جَذرَ الكَلِمة

" آمَنَهُم " (أَمِنَ)

[6] يطلب من التلاميذ أن يعْمَلُوا مِنَ حُرُوفِ جَذرِ الكَلِمةِ كَلماتٍ جَدِيدَةً ويضَعُوها فى مَكَانِها:

.... النَّاسُ بِاللهِ رَبّاً وبِمُحَمَّدٍ رَسُولاً

آمَنَ النَّاسُ بِاللهِ رَبّاً وبِمُحَمَّدٍ رَسُولاً

هَذا عامِلٌ .... هَذا عامِلٌ أَمِينٌ

ـ سالِمٌ و آمِنٌ تِلْمِيذانِ يَسْتَمِعانِ جَيِّداً لِشَرْح المُعَلِّم

ـ يَقُولُ اللهُ تَعالَى:"آمَنَ الرَّسُولُ بِما أُنْزِلَ إليْهِ مِنْ رَبِّه "البقرة 286

ـ هَذا رَجُلٌ أَمِينٌ يَخافُ اللهَ.

ـ بَعْضُ النَّاسِ يُؤْمِنُ بِالخُرافاتِ وهَذا جَهْلٌ كَبِيرٌ.

ـ ضَعْ دائِماً أَشْياءَكَ الخاصَّةَ في مَكانٍ آمِنٍ .

يَصِلُ التَّلاميذُ ما بَيْنَ الجُمَلِ والمُفْرَداتِ لِيَكْوَنا عِباراتٍ ذاتَ مَعْنًى	**7-** Match the words with the meanings on the other-side		
بارِدَةٌ فِي الصَّيْفِ (1)	(5)	قُرَيْشٌ
الكَعْبَةُ المُشَرَّفَة (2)	(3)	مُحَمَّدٌ رَسُولُ اللهِ
اللهُ آمَنَهُم من الخَوْفِ والجُوع (3)	(6)	نَبِيٌّ قُرَشِيٌّ هاشِمِيٌّ مِنْ أَهْلِ مَكَّة
مَكِّيَّة (4)	(2)	بَيْتُ اللهِ
People of Mecca (5)	(1)	الشَّامُ بِلادٌ
So they should worship Allah (6)	(4)	سُورَةُ قُرَيْش

8- يُطلبُ من التلاميذ أن يقْرأوا ويمْلأوا الفَراغَ بكَلماتٍ مِنَ النّصِّ

النِّعِم ـ السَّلامَ ـ الفَقْرِ ـ الجُوعِ ـ رِحْلَة ـ تَنْفَدُ ـ اللُّصُوص

أَلِفَتْ قُرَيْشٌ **رحلة** الشِّتاءِ والصَّيْفِ. وآمَنَهُمُ اللهُ سُبْحانَهُ وتَعالَى مِنْ شَرِّ **اللُّصُوص** أَثْناءَ السَّفَرِ في الصَّحْراءِ، وآمَنَهُم مِنَ **الفقر** والجوع ورَزَقَهُم اللهُ نِعْمَةَ الأمْنِ **والسلام** ، وكَثيراً مِنَ الخَيْرات، مِثْلَ التَّمْرِ وماء زَمْزَمَ الَّذي لا **تنفَدُ** مِياهُهُ أَبَداً. لِذلِك وَجَبَ عَلَى أَهْلِ قُرَيْشٍ، أَنْ يَعْبُدُوا رَبَّ هَذا البَيْتِ، وأَنْ يَشْكُرُوهُ عَلَى هَذِه **النِعَمِ** المُبارَكَة.

9ـ يطلب من التلاميذ أن يضَعُوا دائِرَةً أمامَ الجُمْلَةِ الأصَحَ :

أ ـ (1) قُرَيْشٌ هِيَ سُورَةٌ قُرآنِيَّةٌ   (2) قُرَيْشٌ هُمْ أَهْلُ الجَزيرةِ (3) قُرَيْشٌ سُورَةٌ قُرآنِيَّةٌ وهِيَ أَيْضاً قَبِيلَةٌ مِنْ قَبائلِ الجَزيرَةِ العَرَبِيَّةِ. (4) كُلُّ الإجاباتِ صَحيحَةٌ .

ب ـ (1) رِحْلَةُ الشِّتاءِ والصَّيْفِ هِيَ رِحْلَةٌ للتِجارةِ لأهْلِ قُرَيْشٍ   (2) هِيَ رِحْلَةٌ لأهْلِ اليَمَنِ (3) الرَّحلةُ لأهْلِ الشّامِ .

ج ـ (1) أَمَّنَ اللهُ قُرَيْشَ مِنَ الأعْداءِ (2) آمَنَهُم مِنَ الفَقْرِ والجُوعِ وخَطَرِ الصَّحْراءِ . (3) الإجابات كلّها صحيحة.

د- (1) رَزَقَ اللهُ مَكَّةَ بِماءِ زَمْزَمَ فكانتْ الحَياةُ (2) رَزَقَهُم التَّمْرَ فكانَتْ الحَياةُ (3) رَزَقَهُم الطَّعامَ والمَاءَ والأَمْنَ والسَّلامَ . (4) كُلُّ الإِجاباتِ صَحِيحَةٌ

و- (1) يَطْلُبُ اللهُ مِنْ قَرَيْشٍ أَنْ يَعْمَلُوا في التِّجارَةِ (2) يَطْلُبُ اللهُ مِنْ قَرَيْشٍ أَنْ يَعْبُدُوا رَبَّ البَيْتِ (3) أَنْ يَعِيشُوا بِسَلامٍ .

أَسالِيبُ وتَراكِيبُ جَدِيدَةٌ [10]

مثال اعْمَلُوا فِعْلَ الأَمْرَ بِإِضافَةِ (فَ + لـ) تَماماً كَما في المِثالِ التالي :

[أَطْعَمَ الغَنِيُّ الفَقِيرَ] ⟵ <u>فَلْيُطْعِمْ</u> الغَنِيُّ الفَقِيرَ .

[عَبَدُوا رَبَّ هذا البَيْتِ] ⟵ "<u>فَلْيَعْبُدُوا</u> رَبَّ هذا البَيْتِ ".

- دَخَلَ النَّاسُ المَسْجِدَ لِصَلاةِ المَغْرِبِ - <u>فليدخلوا</u> المَسْجِدَ لِصَلاةِ المَغْرِبِ

- يُسَبِّحُ الجَمِيعُ بِحَمْدِ رَبِّهِم - <u>فليسبِّحْ</u> الجَمِيعُ بِحَمْدِ رَبِّهِم .

- يَذْكُرُونَ اللهَ بُكْرَةً وأَصِيلاً - <u>فليذكُروا</u> اللهَ بُكْرَةً وأَصِيلاً .

- يَصُومُونَ رَمَضانَ إِيماناً واحْتِساباً - <u>فليَصوموا</u> رَمَضانَ إِيماناً واحتِساباً .

Crossword Game 11

			Girl name and Arabic Animal's name = 6-8-10
ر 6	د 5	ق 1	Quranic sourah = 1-2-3-4
ي 8	ب 7	ر 2	Poisoning = 3-9-10
م 10	س 9	ي 3	Destiny = 1-5- 6
		ش 4	My Lord = 2-7-8
			حَرْفُ (الباء) هُوَ شراب حُلْوٌ يؤخذ من التمر والعنب والرمان وبعض الفواكه 9-7-5

الفِيلُ

1. أَلَمْ تَرَ كَيْفَ فَعَلَ رَبُّكَ بِأَصْحَابِ الْفيلِ (2) أَلَمْ يَجْعَلْ كَيْدَهُمْ في تَضْليلٍ (3)
2. وَأَرْسَلَ عَلَيْهِمْ طَيْرًا أَبَابيلَ (4) تَرْميهِمْ بِحِجارَةٍ مِّن سِجّيلٍ (5) فَجَعَلَهُمْ كَعَصْفٍ مَّأْكُولٍ.

(1)

طُيُورُ أَبَابيلَ

اقْرَأُوا الْجُزْءَ الأَوَّلَ

عَبْدُاللهِ: كانَ التَّلاميذَ الْيَوْمَ يَتَحَدَّثُونَ عَنْ طُيُورِ أَبابيلَ والكَعْبَةِ، وسَمِعْتُهم يَذْكُرُونَ رَجُلاً مِنَ الْيَمَنِ اسْمُهُ أَبْرَهَةُ الأَشْرَمُ. فَمَنْ يَكُونَ هَذا الأَبْرَهَةُ الأَشْرَمُ؟ وماهِيَ طُيُورُ أَبابيلَ يا أَبي؟

الأَبُ: هَذِهِ حِكايَةٌ يا وَلَدي جاءَ ذِكْرُها في القُرآنِ الكَريمِ، في سُورَةِ الفيلِ.

عَبْدُاللهِ: وعَنْ أَيِّ شَيْءٍ تَتَحَدَّثُ السُّورَةُ يا أَبي؟

الأَبُ: تَتَحَدَّثُ السُّورَةُ يا وَلَدي عَنْ مُحاوَلَةِ هَدْمِ الكَعْبَةِ المُشَرَّفَةِ، عَلَى يَدِ أَبْرَهَةَ الأَشْرَمِ الحَبَشِيِّ، الَّذي بَنَى كَنيسَةً ضَخْمَةً لِيَحُجَّ النَّاسُ إِلَيْها، وجَعَلَها في غايَةِ الرَّوْعَةِ والجَمالِ، لِيَصْرِفَ العَرَبَ عَنِ الحَجِّ إِلَى الكَعْبَةِ المَشَرَّفَةِ، لكِنَّ اللهَ أَفْشَلَ مُحاوَلَتَهُ فَشَلاً عَظيماً. ولَقَدْ تَحَدَّثَتْ كُتُبُ التَّاريخِ عَنْ هَذِهِ القِصَّةِ، وأَنْزَلَ فيها اللهُ سُورَةً قُرآنِيَّةً كَريمَةً، سُمِّيَتْ بِهَذا الاسْمِ "سُورَةُ الفيلِ"، لأَنَّ أَبْرَهَةَ الحَبَشِيَّ اسْتُخْدَمَ في حَمْلَتِهِ الأَفْيالَ الكَبيرَةَ يا وَلَدي.

-1

<table>
<tr><td>الإجابة</td><td>الأسئلة</td></tr>
<tr><td>

1- يَسْأَلُ عَبْدُاللهِ أَباهُ عن أبرهة الأشرم وطيور أبابيل.

2- أ[ب]رهة الحبشي هو حاكم على اليمن، وأراد أن يهدم الكعبة.

3- الَّذِي بَناهُ أَبْرَهَةُ في اليَمَنِ هو كنيسة ليحجَّ الناسَ إليها في اليمن.

4- بَنَى أَبْرَهَةُ كنيسةً ضخمةً لِيَجعَلَ العَرَبَ يَحجُّونَ إِليها.

5- لا .. لَمْ ينجح لأنَّ اللهَ أفْشَلَ حَمْلَتَهُ ودَمَّرَ قُوَّتَهُ.

</td><td>

1- عَنْ أَيِّ شَيْءٍ يَسْأَلُ عَبْدُاللهِ أَباهُ؟

2- مِنْ هُوَ أَبْرَهَةُ؟

3- ما الَّذِي بَناهُ أَبْرَهَةُ فِي اليَمَنِ؟ ولِماذا فَعَلَ ذَلِكَ؟

4- ماذا فَعَلَ أَبْرَهَةُ لِيَجعَلَ العَرَبَ يَحجُّونَ لِكَنِيسَتِهِ؟

5- هَلْ نَجَحَ أَبْرَهَةُ فِي مُحاوَلَتِهِ؟ ولِمــاذا؟

</td></tr>
</table>

مَحَطَّةُ قواعد- sign **STOP** Grammar[2]

These (لَكِنْ – لَكِنَّ) are contrastive conjunctions حَرْفُ استِدْراكٍ or الرَّابِطُ الاسْتِدْراكِي which means, both articles are used to contrast one idea or action with another. Grammatically, the noun that comes after (لَكِنْ) that ending with the constant letter سُكون that noun should be associated with *dammah* on the end of it, where as the other (لَكِنَّ) that comes with *Shaddah* and it would be pronounced like a double "N" on the end of the article like لَكِنْ+نَ followed with the noun associated with *Fat'ha* accusative case ending:

Notice the following examples. انْظُرْ المِثالَيْنِ التالِيَيْنِ :

مثال 1 حَضَرَ كُلُّ التلاميذِ و لَكِنْ واحِدٌ غائِبٌ لَمْ يَحْضُرْ

حَضَرَ كُلُّ التَّلاميذُ لَكِنَّ واحِداً غائِباً لَمْ يَحْضُرْ

2- ذَهَبَ عَمِّي إلى بَيْرُوتَ لَكِنْ زَوْجَتُهُ لَمْ تَذْهَبْ مَعَهُ (لَكِنْ- لَكِنَّ)

ذَهَبَ عَمِّي إلى بَيْرُوتَ لَكِنَّ زَوْجَتَهُ لَمْ تَذْهَبْ مَعَهُ (لَكِنْ- لَكِنَّ)

- سَمِعْتُ مِنْ أَبِي حِكايَةَ أَصْحابِ الفِيلَ لكنَّ السُّورَةَ القُرْآنِيةَ أَجْمَلُ.(لكِنْ- لكِنَّ)

ـ أَنْتَ تَكَلَّمْتَ مَعَ مُديرِ الأَمْنِ لكِنْ مُديرُ المَطْعَمِ أَفْضَلُ .(لكِنْ- لكِنَّ)

ـ هَذِهِ هِيَ المَدْرَسَةُ الإِبْتَدائِيَّةُ لكِنَّ المَدْرَسَةَ الإعدادِيَّةَ أَقْرَبُ.(لكِنْ- لكِنَّ)

ـ غَداً تَأْتي مَعِي لِلصَّلاةِ لكِنَّ الحُضُورَ يَجِبُ أَنْ يَكُونَ مُبَكِّراً. (لكِنْ- لكِنَّ)

ـ أَنا أَتَناوَلُ طَعامَ الإِفْطارِ عادَةً مُبَكِّراً لكِنَّ الغَداءَ دائِماً مُتَأَخِّرٌ.(لكِنْ- لكِنَّ)

(2)

اقْرَأُوا الجُزْءَ الثّاني

عَبْدُالله: يا أَبي لَيْتَكَ تَرْوي لِيَ الحِكايةَ بِشَيْءٍ مِنَ التَّفْصيلِ؟

الأَبُ: إِسْمَعْ يا بُنَيَّ،أَخَذَ أَبْرَهَةُ مَعَهُ جَيْشاً كَبيراً مِنَ الرِّجالِ والفِيَلَةِ، واتَّجَهَ إِلى مَكَّةَ لِيَهْدِمَ الكَعْبَةَ المُشَرَّفَةَ. وفِي الطَّريقِ كانَ يُحارِبُ القَبائِلَ، ويَقْتُلُ النّاسَ، ويُخَرِّبُ كُلَّ شَيْءٍ فِي طَريقِهِ، وكانَ يَأْخُذُ الرِّجالَ والنِّساءَ والأَطْفالَ عَبيداً دُونَ رَحْمَةٍ.

عَبْدُالله: ومَاذا فَعَلَ عِنْدَما وَصَلَ إِلَى مَكَّةَ؟

الأَبُ: كانَ أَهْلُ مَكَّةَ يَعْرِفُونَ أَنَّهُم لا قُدْرَةَ لَهُم عَلَى أَبْرَهَةَ. فَقالَ لَهُم عَبْدُ المُطَّلِبِ: هَذا هُوَ البَيْتُ وهُوَ بَيْتُ الله، فَلا تُغامِرُوا فِي القِتالِ مَعَ جَيْشِ أَبْرَهَةَ، لِأَنَّ البَيْتَ لَهُ رَبٌّ يَحْميهِ. وصَعَدَ أَهْلُ مَكَّةَ إِلى الجِبالِ لِيَحْتَمُوا فيها، مِنْ غَضَبِ اللهِ تَعالَى عَلَى أَبْرَهَةَ وجُنُودِه.

أُسامَة: وهَلْ سَمِعَ أَبْرَهَةُ كَلامَ جَدِّ رَسُولِ اللهِ عَلَيْهِ الصَّلاةُ والسّلامُ؟

الأَبُ: لا يا وَلَدِي! لَقَد تَوَجَّهَ أَبْرَهَةُ إِلى هَدْمِ الكَعْبَةِ، وفُجْأَةً امْتَلَأَتِ السَّماءُ طُيُوراً سَوْداءَ، تَحْمِلُ فِي مَناقيرِها وأَرْجُلِها حِجارَةً سَوداءَ مُشْتَعِلَةً. وأَشْتَدَّتِ الرّيحُ لِتَزيدَ فِي سُرْعَةِ رَمْيِ الحِجارَةِ المُلْتَهِبةِ فَوْقَ رُؤُوسِهِم، فَجَعَلَهُمُ اللهُ كَعَصْفٍ مَأْكُولٍ. واحْتَرَقَتِ الفِيَلَةُ ومَاتَ أَبْرَهَةُ وجُنُودُهُ، ورَجَعَ مِنْهُمُ القَليلُ لِيُخْبِرُوا أَهْلَ اليَمَنِ بِما حَدَثَ!

<table>
<tr><td>

الإجابة

1- جَاءَ أَبْرَهَةَ من اليَمَن، و تَوَجَّهَ إلى مكةَ.

2-أَخَذَ مَعَهُ للحَرْب جَيْشاً وفِيَلةً.

3 – كانَ في طَرِيقِهِ إلى هَدْمِ الكَعْبَةِ يقتلُ ويُخَرّبُ ويَهدِمُ البيوت ويأخذُ الناسَ عبيداً.

4 – قَالَ جَدُ النَّبِيِّ لأهْلِ مَكَّةَ لا قدرةَ لنا على قتالِهِم فإنَّ للبيتِ ربّاً يحميهِ، اصعدوا إلى الجِبالِ.

5 – سمعوا كلامَ عبدالمطلب وصعدوا إلى الجبالِ.

6- لَمْ يَسْمَعَ أَبْرَهَةُ مِنْ عبدالمُطّلب.

7- صَعدوا إلى الجبالِ لِيَحتموا بها.

8- تجمَّعَتْ طيورُ أبابيلَ في السماء ورمَتْهُم بحجارة من سِجِّيلٍ فجعلَتْهُم كعصفٍ مأكولٍ.

</td><td>

الأسئلة

- 1 -

1- مِنْ أَيْنَ جَاءَ أَبْرَهَةُ؟ وإلَى أَيْنَ تَوَجَّهَ؟

2- ماذا أَخَذَ مَعَهُ للحَرْب؟

3 – ماذا كانَ يَفْعَلُ في طَريقِهِ إلى هَدْم الكَعْبَةِ؟

4 – ماذا قالَ عَبدُ المُطّلِبِ جَدُ النَّبِيِّ؟

5 – ماذا فَعَلَ أَهْلُ مَكَّةَ؟

6- هَلْ سَمِعَ أَبْرَهَةُ مِنْ عَبدِالمُطّلِب؟

7- ماذا فَعَلَ أَبْرَهَةُ بَعْدَ ذَلِكَ؟

8- ماذا حَدَثَ في السَّماءِ؟

</td></tr>
</table>

أَسَالِيبُ وتَراكِيبُ جَدِيدَةٌ [2]

حُرُفُ الجَرِّ والتَّشْبِيهِ Usage the preposition (**ك**) letter in Arabic

(**ك**) In Arabic grammar is a preposition letter: it's used in Arabic to compare two things e.g. "You are as sweet as sugar". In addition, this letter always works with nouns only. The case ending of the noun

should be genitive *(Jarr)*; which means with *(Kasra)* below the last letter, e.g. in Arabic:

[3]قال تَعالَى:

"فَجَعَلَهُم كَعصْفٍ مَأُكولٍ".   **["فَجَعَلَهُم ..... عَصْفٍ مأُكولٍ"]**

يَطلبُ المعلمُ من التلاميذ أنْ يَسْتَخْدِمُوا حَرْفَ التَّشْبيهِ والجَرِّ <u>الكاف</u> (كـ) فِي الجُمَلِ التاليةِ ويَعْمَلُوا تَماماً كَما فِي المِثالِ السّابِقِ:

- إنَّ النّاسَ مُتَساوُونَ **كـ**أسْنانِ المِشْطِ .   (كـ)

- هَذا عبدُاللهِ **كـ**أخيهِ.

- وصَلَتِ السَيارَةُ إلى المُسْتَشْفَى مَسْرِعَةً **كـ**البَرْقِ.

- وَجْهُ الطِفْلِ **كـ**القَمَرِ فِي جَمالهِ.

- كانَتْ أُمِّي تُطْعِمُنا بِالمِلعقةِ الصَغيرةِ **كـ**العَصافيرِ.

<u>تَدْريبٌ صَفِّيٌّ **Classwork**</u>

[4] Listen carefully to your teacher and write down in the boxes *[The teacher will dictate from the original text]* يطلبُ من التلاميذِ أنْ يسْتَمِعُوا إلى الكَلِماتِ ويَكْتُبُوها

[5] Find out the root of the word يطلب من التلاميذ أنْ يسْتَخْرِجُوا جَذْرَ الكَلِمةِ

" آمَنَهُم "   -   (أمِنَ)

[6] يطلبُ من التلاميذ أن يعْمَلوا مِنْ حُروفِ جَذرِ الكلمةِ السابقةِ كلماتٍ جديدةً ويضَعُوها في مكانِها

<u>آمَنَ</u> النَّاسُ بِرَبِّهِم كُلَّ الإيمانِ	.... النَّاسُ بِرَبِّهِم كُلَّ الإيمانِ
هَذا إِنْسانٌ <u>أَمينٌ</u>	هَذا إِنْسانٌ ....

ـ سالِمٌ أمينٌ لَقَدْ أَعادَ النَّظَّارَةَ لِأَصْحابِها في الحالِ.

ـ يَقُولُ اللهُ تَعالَى:"آمَنَ الرَّسُولُ بِما أُنْزِلَ إِلَيْهِ مِنْ رَبِّهِ " . سورة البقرة

ـ هَذا رَجُلٌ مُؤْمِنٌ يَخافُ اللهَ.

ـ بَعْضُ النَّاسِ يُؤْمِنُ بِالخُرافاتِ وهَذا جَهْلٌ كَبيرٌ.

ـ ضَعْ دائِماً أَشياءَكَ الخاصَّةَ في مَكانٍ   أمينٍ أو آمِنٍ .

[7] -Conjugate the verb يَعْبُدُ with the pronouns: يصرّفُ التلاميذ الفِعْلَ مَعَ الضَّمائرِ

أنا أعبُدُ ـ أنتَ تعبُدُ ـ أنتِ تعبدينَ ـ أنتَ تعبُدُ ـ هو يعبُدُ ـ هي تَعبُدُ ـ نحن نعبُدُ ـهم يعبدونَ ـ أنتم تعبدون.

يطلب من التلاميذ أن يَصلُوا ما بَيْنَ الجُمَلِ والمُفْرَداتِ لِكَوَنوا عبارات ذاتَ مَعْنىً	[8]Match the words with the meanings on the other-side
(5) جَعَلَ اللهُ كَيْدَ أَصْحابِ الفيلِ	(1) اسمٌ مِنْ أَسْماءِ النّارِ
(3) عَبْدُ المُطَّلِبِ سَيِّدُ قَرَيْشٍ وكَذلكَ	(2) العَصْفُ المَأْكُولُ
(6) طُيُورٌ أَرْسَلها اللهُ وهِيَ	(3) هُوَ جَدُّ النَّبِيِّ أَيْضاً
(1)	(4) سُورَةٌ مَكِّية
(2) chewed up straw or grass	(5) في تَضْليلِ
(4) سُورَةُ الفيلِ	(6) طُيُورُ أَبابِيلَ

لِيَقْرَأ التلاميذ ويمْلَأوا الفَراغَ بِكَلِماتٍ مِنَ النَّصِّ التالي

Read and fill in the blanks from the word bank

هِدايَتِهِم ـ الفِيل ـ لِيَهْدِمَ ـ الحِجارَةِ ـ يَتَساءَلُ ـ رَبُّ ـ يَعْرِفُ

وُلِدَ رَسُولُ اللهِ مُحَمَّدٌ ﷺ فِي مَكَّةَ فِي عامِ **الفِيل** فِي نَفْسِ السَّنَةِ التِي جاءَ

أَبْرَهَةُ **لِيَهْدِمَ** الكَعْبَةَ المُشَرَّفَةَ. وكَبِرَ النَّبِيُّ عَلَيْهِ الصَّلاةُ والسَّلامُ، وكانَ **يَعْرِفُ** أَنَّ الكَعْبَةَ هذِه

هِيَ مَكانٌ مُقَدَّسٌ عِنْدَ جَمِيع العَرَب. وكانَ دائماً **يَتَساءَلُ** : لِماذا يَعْبُدُ النَّاسُ **الحِجارَةَ** التِّي لا

تَضُرُّ ولا تَنْفَعُ، إلى أَنْ أَرْسَلَهُ اللهُ نَبِيّاً للعالَمِينَ، لِيُعَلِّمَ النَّاسَ أَنَّ اللهَ هُوَ **رَبُّ** العالَمِينَ. ولَمْ

يَنْقَطِعْ عَلَيْهِ الصَّلاةُ والسَّلامُ عَنْ **هِدايَتِهِم** لِعِبادَةِ اللهِ سُبْحانَهُ وَحْدَهُ، حَتَّى انْتَهَتْ عِبادَةُ الأَصْنامِ

عِنْدَ العَرَب فِي الجَزِيرَةِ وإلى الأَبَدِ .

[10] Circle the most correct one   يَضَعُ التلاميذُ دائِرَةً أَمامَ الجُمْلَةِ

أ ـ **(1)** كانَ النَّبِيُّ يَتَساءَلُ عَنْ عِبادَةِ الأَصْنامِ **(2)** كانَ النَّاسُ يَتَساءَلُونَ عَنْ عِبادَةِ الأَصْنامِ **(3)** ما كانَ الناسُ يَتَساءَلُونَ عَنْ عِبادَةِ الأَصْنامِ لأنَّها دِينُ الآباءِ والأَجْدادِ.

ب ـ **(1)** عَبَدُوا الأَصْنامَ لأَنَّهُم لا يَعْرِفُونَ اللهَ **(2)** يَعْرِفُونَ اللهَ ولَكِنْ يُشْرِكُونَ بِهِ **(3)** هُم وُلِدُوا مُشْرِكِينَ.

دـ **(1)** طُيُورُ أبابِيلَ هِيَ جُنُودُ اللهِ **(2)** الطُّيُورُ جاءَتْ مِنَ مَكَّةَ **(3)** جاءَتْ الطُّيُورُ والفِيَلَة والجُنُودُ مِنَ اليَمَنِ مَعَ أَبْرَهَةَ.

وـ **(1)** أَبْرَهَةَ جاءَ لِيَطْلُبَ مِنَ النَّاسِ أَنْ يَحِجُّوا لليَمَنِ **(2)** أَبْرَهَة جاءَ لِيَنْقُلَ الكَعْبَةَ إلى اليَمَنِ **(3)** أَبْرَهَةُ جاءَ مِنَ اليَمَنِ مَعَهُ جَيْشٌ كَبِيرٌ لِيَهْدِمَ الكَعْبَةَ حَتَّى لا يَحِجُّ إلَيْها النَّاسُ.

[11]   يُطلبُ من التلاميذ أنْ يعْمَلُوا جُمَلاً اسْتِفْهامِيَةً تَماماً كَما فِي المِثالِ التالِي:

Make a questioning sentence form using (أَلَمْ) exactly as it shown in the example.

[...... .... فَعَلَ ربُّكَ بأصْحاب الفِيلِ] (أَلَمْ ـ تَرَ ـ كَيْفَ)

" أَلَمْ تَرَ كَيْفَ فَعَلَ ربُّكَ بأصْحابِ الفِيلِ " ؟

ـ أَلَمْ تَرَ أبرهةَ الأشرم كيفَ خَرَجَ مِنْ مكةَ مَهزُوماً (أَلَمْ ـ تَرَـكيفَ)

ـ أَلَـمْ تُشاهِدْ كيفَ هَزَمَ اللهُ أبْرَهَةَ وجُنوده في مكة (أَلَمْ ـ تشاهد ـ كيفَ)

ـ أَلَمْ تَسْمَعْ التلميذَ كيفَ كان يُرَتِّلُ القرآنَ تَرتِيلاً (أَلَم ـ تسْمَعْ ـ كَيْفَ)

ـ أَلَمْ تذهَبْ لِسُوقِ المدينةِ لِتَعرِفَ كيفَ يَعرِضُونَ الطعامَ(أَلَمْ ـ تَذهَبْـ كيفَ)

Crossword Game   12

ر 6	أ 5	ط 1
م 8	ر 7	ي 2
ل 10	ي 9	و 3
		ر 4

Flew = 1-5-6

Birds = 1-2-3-4

Sand = 6-8-10

Zone in *Jahannam* = 3-9-10

Throw = 2-7-8

I see = 5-7-9

العَصْر

وَالْعَصْرِ (1) إِنَّ الْإِنْسَانَ لَفِي خُسْرٍ (2) إِلَّا الَّذِينَ آمَنُوا وَعَمِلُوا الصَّالِحَاتِ وَتَوَاصَوْا بِالْحَقِّ وَتَوَاصَوْا بِالصَّبْرِ (3)

(1)

ما أَثْمَنَ الوَقْتَ !

القَرَأُوا الجُزْءَ الأَوَّلَ

عُمَرُ: يا أَبِي لَقَد صَلَّيْتُ المَغْرِبَ جَمَاعَةً، وَسَمِعْتُ الإِمَامَ يَقْرَأُ فِي صَلاتِهِ واحِدَةً مِنْ قِصارِ السُّوَرِ، وقَدْ بَدَأَها بِكَلِمةِ "وَالعَصْرِ" فَهَلْ نَسِيَ الإِمَامُ شَيْئاً مِنَ السُّورَةِ قَبْلَ كَلِمَةِ "العَصْرِ" إِنْ لَمْ أَكُنْ مُخْطِئاً! أَلَيْسَ كَذلكَ يا أَبِي؟

الأَبُّ : لا .. لا يا عُمَرُ، إِنَّ الإِمامَ شَيْخٌ جَلِيلٌ حافِظٌ للقُرآنِ الكَرِيمِ، وما أَظُنُّهُ يُخْطِيءُ فِي سُورَةٍ قَصِيرَةٍ مِثْلِ هَذِهِ أَبَداً! عُمَرُ: إِنِّي أَعْتَذِرُ يا أَبِي، فأَنا لا أَقْصِدُ ذَلكَ، بَلْ أُرِيدُ أَنْ تَشْرَحَ لِيَ الأَمْرَ.

الأَبُّ: ياعُمَرُ هَذِهِ سُورَةٌ قُرآنِيَّةٌ قَصِيرَةٌ اسمُها "العَصْرُ" والوَاوُ الَّتِي قَبْلَها لَيْسَت عاطِفَةً، بَلْ هِيَ واوُ القَسَمِ، ونَحْنُ عِندَما نُقْسِمُ بِاللهِ مَثَلاً فإِنَّنا نَقُولُ "وَاللهِ "، وعِندَما يُقْسِمُ اللهُ عَزَّ وَجَلَّ يُقْسِمُ بِالعَصْرِ، فَهُوَ يُقْسِمُ بِشِيءٍ مِنْ مخلوقاتِهِ عَزَّ وجَلَّ، مُسْتَخْدِماً (وَاوَ القَسَمِ) لأهية الزَّمَنِ.

عُمَرُ: وهَلْ العَصْرُ هُوَ وَقْتُ صَلاةِ العَصْرِ يا أَبِي؟

الأَبُّ : رُبَّما يا عُمَرُ، لَكِنَّ الثابِتَ أَنَّ العَصْرَ يا وَلَدِي هُنا المَعْنِيُّ فِيها هُوَ "الوَقْتُ" نَفْسُهُ. وللعَصْرِ مَعانٍ كَثِيرَةٌ، ومِنْ أَهَمِها الوقْتُ والدَّهْرُ والزَّمانُ.

<table>
<tr><td align="center">الإجابـة</td><td align="center">الأسئلة</td></tr>
<tr><td>

1- كانَ يَسْأَلُ عُمَرُ أباهُ إذا ما كان الإمامُ قد نَسِيَ شيئاً من السورة.

2- سَمِعَ عُمَرُ هَذِهِ الكَلِمَةَ وهو يصلّي خلفَ الإمامِ.

3- رُبَّما كان معنى العَصرِهِيَ صَلاةُ العَصرِ المَفْرُوضَةِ، ولكنَّ المتَّفَقُ عليه بين المفسّرين أنه الوقت.

4- مَعْنَى كَلِمَةِ " العَصر"هو الوقت والدهر والزمان.

5- "الوَاوُ" التي قَبْلَ العَصرِهي واو القَسَم.

6- يُقْسِمُ اللهُ بالعَصرِليُؤكدَ على أهمية الأمر.

7- المَعاني الأُخْرَى للعَصرِهي الوقت والدهر والزمان.

</td><td>

1- عَنْ أيِّ شيْءٍ كانَ يَسْأَلُ عُمَرُ أباهُ؟

2- أَيْنَ سَمِعَ عُمَرُ هَذِه الكَلِمَةَ؟

3- هَلْ العَصرُهِيَ صَلاةُ العَصرِ المَفْرُوضَةِ ؟

4- ما هُوَ مَعْنَى كَلِمة " العَصرُ"؟

5- ما هِيَ هَذِهِ "الوَاوُ" التي قَبْلَ العَصرُ؟

6- لِماذا يُقْسِمُ اللهُ بالعَصرِ؟

7- ماهِيَ المَعاني الأُخْرَى للعَصرِ؟

</td></tr>
</table>

-1

Grammar 🛑 **sing - مَحَطَة قواعد** [2]

" وَ العَصرِ إنَّ الإنْسانَ لَفِي خُسرٍ "

Notice (الواو) is not a conjunction letter that we use in the meaning of *(and)* but it is the swearing *(waw)*. People swear in the culture to empower something important or to/for sacred oath by using the name of Allah after (واو القَسَم) e.g. وَاللهِ. In this surah, Allah *(SWT)* swears in the name of one of His creations to show it's importance. The thing Allah *(SWT)* swears by وَالعَصرِ. Grammatically, the noun that comes after (واو القَسَم) should ne ended with *(kasrah)* which means genitive or مَجْرُورٌ بالكَسْرَة and that is why the word العَصرِ was ended with a genitive case ending:

Notice the following examples. انْظُرْ المِثالَيْنِ التالِيَيْنِ :

وَ اللهِ العَظِيمِ أقولُ الحَقَّ " وَ اللَّيْلِ إذا يَغْشَى "

- وَاللهِ إِنِّي صَادِقٌ فِيما أَقُولُ .

- حَلَفَ الرَّجُلُ فِي المَحْكَمَةِ وقالَ وَاللهِ العَظِيمِ .

- قالَ اللهُ تَعالَى : "وَالعَصْرِ إِنَّ الإِنْسانَ لَفِي خُسْرٍ" .

- قالَ اللهُ تَعالَى : "وَ الفَجْرِ وَ لَيالٍ عَشْرٍ ".

- كَثِيرُونَ الَّذِينَ يَحْلِفُونَ ويَقُولُونَ : وَ رَبِّ الكَعْبَةِ إِنَّهُ لَحَقٌّ .

يطلب من التلاميذ أن يمْلأُوا الفَراغَ (هَذا) للمُذَكَّرِ أو (هَذه) للمُؤَنَّث أو (هَؤُلاءِ) للجَمْعِ

وأنْ عَمَلُوا تَماماً كَما فِي المِثال التّالِي:

- .... وَقْتُ العَصْرِ.   هَذا هُوَ وَقْتُ العَصْرِ.

- .... صَلاةُ العَصْرِ.   هَذهِ هِيَ صَلاةُ العَصْرِ.

- .... الَّذِينَ آمَنُوا   هَؤُلاءِ هُمُ الَّذِينَ آمَنُوا.

- هذهِ هِيَ سُورَةُ العَصْرِ.

- هؤَلاءِ هُمُ الَّذِينَ يَخافُونَ اللهَ فِي السِّرِّ والعَلَنِ.

- أَرَأَيْتَ يا أَبِي هذِه هِيَ المَدْرَسةُ الَّتِي تَعَلَّمْتُ فِيها الصُّفُوفَ الابْتِدائِيَّةَ.

- هذِه هِيَ قِصارُ السُّوَرِ القُرآنِيةِ الَّتِي أَحْفَظُها عَنْ ظَهْرِ قَلْبٍ.

أَسالِيبُ وتَراكِيبُ جَدِيدَة

The (إلاَّ) is an exceptive particle حَرْفُ اسْتِثْناءٍ . The meaning of (إلاَّ) *Illa* is (but / but for-except) this is a frequently used exceptive word in Arabic and it's affect on the following phrase varies depending on wither the main clause is negative or positive assertion e.g. for the positive clause:

مثال

ـ إنَّ التَّلامِيذَ حاضِرُونَ <u>إلاَّ تِلْمِيذاً واحِداً.</u>

ـ طارَتْ كُلُّ الحَمَاماتِ .... واحِدَةً.

ـ طارَتْ كُلُّ الحَمَاماتِ <u>إلاَّ حَمَامَةً</u> واحِدَةً.

يُطلب من التلاميذ أن يسْتَخْدِمُوا حَرْفَ الاسْتِثْناءِ (إلاَّ) في الجُمَلِ التاليةِ ويعْمَلُوا تَماماً كَما في المِثالَيْنِ السابقَيْنِ:

ـ قال تَعالَى : "إنَّ الإنْسانَ لَفِي خُسْرٍ إلاَّ الَّذِينَ آمَنُوا وعَمِلُوا الصَّالِحَاتِ".

ـ كُلُّ الفَواكِهِ مَوْجُودَةٌ إلاَّ البُرْتُقالَ.

ـ وصَلَ اللَّاعِبُونَ جَمِيعُهُم إلاَّ لاعِباً.   (لاعِب)

ـ قال تعالى:"واسْتَعِينُوا بِالصَّبْرِ والصَّلاةِ وإنَّها لَكَبِيرَةٌ إلاَّ عَلَى الخاشِعِين".

ـ إنِّي نَجَحْتُ في كُلِّ المَوادِ إلاَّ مادةً واحِدةً   (...... ....)

تَدْرِيبٌ صَفِّيٌّ **Classwork**

[5] [5] Listen carefully to your teacher and write down in the boxes *[The teacher will dictate from the original text]* يطلب من التلاميذ أنيستمعوا إلى الكَلِماتِ ويكتبوها هنا

" حافظَ " (حفظَ)

[7] المطلوب أنْ يعْمَلُوا منْ حُرُوف جَذْر الكَلمَة السَّابقة كَلماتٍ جَديدةً ويضَعُوها في الجُمَل:

الإمامُ شَيْخٌ جَليلٌ .... للقُرآن

الإمامُ شَيْخٌ جَليلٌ **حافظٌ** للقُرآن

- عُمَرُ وأبُوهُ **يَحْفَظُ** القُرآنَ كاملاً.

- القُرآنُ الكَريمُ كَلامُ اللهِ **المحفوظُ** في الأرضِ والسَماءِ وفي الصُّدورِ.

- كُلُّ طالبٍ مَعَهُ كِتابُ **محفوظاتٍ** للّغَة العَرَبيَّةِ.

- كُنّا في رحْلةٍ إلى الجبالِ يَوْمَ ضاعَتْ **محفَظَةُ** النُّقُودِ.

- هُناكَ مَدارسُ خاصَّةٌ لـ**تَحفيظِ** القُرآنِ الكَريمِ.

يصلُ التلاميذ مابيْن الجُمل والمُفرّدات ليكوَنوا عبارات ذات مَعْنَى		8- Match the words with the meanings on the other-side	
تَأمُرُنا السُّورَة بِأرْبَعةِ أُمورٍ (5)		(1) أوْلئكَ هُمُ المُؤمِنُونَ	
مِنْ مَعانِي العَصْرِ (3)		(2) الصَّابِرُونَ	
أقسَمَ اللهُ في السُّورَةِ (6)		(3) الدَّهْرُ الوَقْتُ والزَّمانُ	
الَّذينَ تَواصَوْا بِالصَّبْرِ (2)		(4) مِنَ السُّورِ المَكّية	
(1) The patients in the surah		(5) الإيمانُ والصَّلاحُ والصَّبْرُ والحَقَّ	
سُورَةُ العَصْرِ (4)		(6) بِأنَّ الَّذينَ لا يُؤمِنُونَ هُمُ الخاسِرُونَ	

الأوانِ- عِلْمِه – جِسْمِهِ ـ الوَقْتُ ـ أَرْبَع ـ بالوَقْتِ ـ مالِهِ ـ عُمْرِه

أَقْسَمَ اللهُ تَعَالَى بالوَقتِ، حَتَّى يَعرِفَ الإنسانُ أَهَمِيَّتَهُ. ولَقَد رُوِيَ عَنْ رَسُولِ اللهِ عليه الصَّلاةُ والسَّلامُ أَنَّهُ قالَ: " إِنَّهُ لا تَزُولُ قَدَمَا عَبْدٍ يَوْمَ القِيامَةِ، حَتَّى يُسْألَ عَنْ عُمْرِهِ وعَنْ عمره فيما أَفْناهُ، وعن عِلمِهِ ما عَمِلَ بِهِ، وعَنْ مالِهِ مِنْ أَيْنَ اكْتَسَبَهُ وفِيمَ أَنْفَقَهُ، وعَنْ جِسْمِهِ فيما أَبْلاهُ". والعُمْرُ أَيْضاً واحِدٌ مِنْ هَذِهِ المَسائِلِ الأَرْبَعةِ. وهُوَ الوقتُ الَّذي نَعِيشُهُ، إِذْ تَجِبُ الإِسْتِفادَةُ مِنْ كُلِّ دَقيقةٍ في حياتِنا، قَبْلَ فَواتِ الأوانِ .

10- الملوبُ أنْ يضَعُوا دائِرةً أَمامَ الجُملةِ الأَصَحَّ: Circle the most correct one

أ ـ (1) أَقْسَمَ اللهُ بالوَقْتِ وأَوْقاتَ كَثيرةٍ في القُرآنِ (2) اقْسَمَ اللهُ مَرَّةً واحدةً بالوَقْتِ في سُورَةِ العَصْرِ (3) الإجابتنان الأوليان صحيحتان.

بـ (1) تَأْمُرُنا السُّورَةُ أنْ نتواصى بِأمرَيْنِ اثَنَيْنِ (2) تَأْمُرُنا السُّورَةُ أنْ نتواصى بِثلاثةِ أوامِرَ (3) تأمُرُنا أنْ نتواصى بأربَعةِ أوامِرَ.

جـ (1) الإنْسانُ في سُورَةِ العَصْرِ هُوَالمُؤمِنُ (2) الإنْسانُ هُوَ المؤمِنُ و الكافِرُ (3) الإنْسانُ هُوَ أهلُ قُرَيْشٍ.

دـ (1) كلمةُ "خُسْر" هي خُسْرُ الدُنيا (2) هي خُسْرُ الدُنيا والأخِرةِ (3) هي خُسْرُ الآخِرةِ .

وـ (1) كلمةُ "إلاَّ" معناها ماعدا المؤمنين (2) "إلاَّ" للمؤمنين الذين يَعمَلونَ الصّالحاتِ (3) "إلاَّ" هي للمؤمنين وللصّالحِين وللصّابِرين والمؤمنينَ بالحَقِّ

Find the singular of the words in يُطلب من التلاميذ أنْ يكتبوا مُفرد الجُموعِ التالية
the box below:

مثال

الأولاد ← | وَلَد |

يطلب من التلاميذ أن يكتبوا مُفرد الجُموعِ التالية:

الصَّالِحينَ	الصَّابِرُونَ	الصَّادِقِينَ	المُؤمِنُونَ

[12] Make the plural of the words - يطلب أن يكْتُبُوا جَمْعَ المُفْرَداتِ التَالِيةِ

مثال

مَدْرَسَة ← | مَدارِس |

يطلب أن يكْتُبُوا جَمْعَ المُفْرَداتِ التَالِيةِ:

طَيْرٌ	خاسِرٌ	الوَقْتُ	العَصْرُ

13-   Crossword Game

ن 6	م 5	أ 1	Believed = 1-5-6
ل 8	ي 7	ل 2	Right/True/Real = 1-2-3-4
ف 10	ل 9	ي 3	Wrapping = 6-8-10
		ق 4	Swore = 3-9-10

Night = 2-7-8

Mile (distance) = 5-7-9

At-Takaa<u>th</u>ur

" [أَلْهَاكُمُ التَّكَاثُر] يقولُ ابنُ آدَم: مالي مالي . وَهَلْ لَكَ مِنْ مالِكَ إلاَّ ما أَكَلْتَ فأَفْنَيْتَ ، أو لَبِسْتَ فأَبْلَيْتَ، أو تَصَدَّقْتَ فأَمْضَيْتَ "

1. أَلْهَاكُمُ التَّكَاثُر
2. حَتَّى زُرْتُمُ الْمَقَابِرَ
3. كَلاَّ سَوْفَ تَعْلَمُونَ
4. ثُمَّ كَلاَّ سَوْفَ تَعْلَمُونَ
5. كَلاَّ لَوْ تَعْلَمُونَ عِلْمَ الْيَقِينِ
6. لَتَرَوُنَّ الْجَحِيمَ
7. ثُمَّ لَتَرَوُنَّهَا عَيْنَ الْيَقِين
8. ثُمَّ لَتُسْأَلُنَّ يَوْمَئِذٍ عَنِ النَّعِيم

وقَفَ الإمامُ علَى المِنْبَرِ يومَ الجُمْعةِ، وبَعدَ أنْ سلَّمَ وحَمِدَ اللهَ كثيراً، ثمَّ صارَ يَدْعُو قائِلاً: يارَبِّ لا تَجْعَلْنا مِنَ الَّذِينَ أَلْهاهُمُ التَّكاثُرُ، ولا تَجْعَلْ الدُّنيا أَكْبَرَ هَمِّنا، ولا تَجْعَلْ النّعيمَ مَبلَغَ عِلمِنا، ولا تَجْعَلْ الجَحيمَ مَصيرَنا، واجْعَلْ الجَنَّةَ مقامَنا، وفيها يَكُونُ قَرارُنا، اللَّهُمَ اسْتَجِبْ يارَبَّ العالَمِينَ.

الإجابة	الأسئلة
1- دَعا الإمامُ عَلَى المِنْبَرِ الدعاء كامِلاً .	1- ماذا دَعا الإمامُ عَلَى المِنْبَرِ؟
2- طلَبَ الإمامُ مِنَ اللهِ أنْ لا يَجْعَلَ اثنتينِ وهما.......... .	2- ماذا طلَبَ الإمامُ مِنَ اللهِ أَنْ يَجْعَلَ؟
3- طلَبَ الإمامُ مِنَ اللهِ أنْ لا يَجْعَلَ أربعة أمور وهيَ......... .	3- ماذا طلَبَ الإمامُ مِنَ اللهِ أَنْ لا يَجْعَلَ؟
4- يسلِّمُ المُسلِمُونَ عَلَى بَعْضِهِم بالسلام عليكم ورحمة اللهِ وبركاتهُ.	4- كَيْفَ يُسلِّمُ المُسلِمُونَ عَلَى بَعْضِهِم؟
5- يَحْمَدُونَ اللهَ حَمْداً كَثيراً ويقولون: الحمدلله ربِّ العالمين، والشكر كلُّ الشكر للهِ ربِّ العالمين، ولك الحمدُ حتى ترضى وإذا رضيتَ ولك الحمدُ بعد الرضى.	5- كَيْفَ يَحْمَدُونَ اللهَ حَمْداً كَثيراً؟

-1

"كَلاَّ لَوْ تعْلَمُونَ عِلْمَ اليَقِينِ لَتَرَوُنَّ الجَحِيمَ"

The meaning of the above statement is: Ney No would you knew (Now) with sure knowledge, for you will behold hell-fire.

The Grammatical Stop Sign here is to discuss the Conditional particle (لَوْ):it's to indicate the abstention of the answer to the abstention of the condition, ie, the abstention of something to abstain others , such as saying the above statement: "If you come to know then you will see the hell-fire" .

exactly as it shown in لَوْ Merge والآنَ لِيَعْمَلُوا " لَوْ" تَماماً كَما فِي المِثالِ التالِي: the example.

ـ يا ضَيْفَنا .... زُرْتَنا .... ما يَسُرُّكَ (لَوْ ـ لَوَجَدْتَ)

يا ضَيْفَنا لَوْ زُرْتَنا لَوَجَدْتَ ما يَسُرُّكَ

ـ لَوْ يَسْتَمِعُ النَّاسُ إلى صَوْتِ الحِكْمَةِ جَيِّداً لأَفْلَحُوا . (لَـ + أَفْلَحُوا)

ـ لَوْ أَنَّني ذاكَرْتُ الدَّرْسَ جَيِّداً لَنَجَحْتُ في الامْتِحانِ. (نَجَحَ)

ـ لَوْ أَنَّهُم شَرَحُوا الأَمْرَ جَيِّداً لَعَرَفَ النَّاسُ ماذا يَقْصِدُونَ. (فَهِمَ)

ـ لَوْ أَنَّكِ تَتَحَدَّثِينَ العَرَبِيَةَ الفُصْحَى لَفَهِمْتُ ما تَقُولِينَ.

ـ لَوْ رَسَمْتَ لِي خارِطَةَ الطَّرِيقِ كَما هِيَ لَوَصَلْتُ إلى العُنْوانِ.

النَّبِيُّ يَتَضَوَّرُ جُوعاً

أَكْمَلَ الإمامُ خُطْبَتَهُ وقال: خَرَجَ رسُولُ اللهِ ﷺ ذاتَ يومٍ مَنْ بيْتِه، فَلَقِيَهُ أَبوبكْرٍ وكانَ قادِماً للسَّلامِ عَلَى النَّبِي ﷺ ، فمَشِيَ الإثْنانِ حتَّى لقِيَهُما عُمَرُ رضِيَ اللهُ عَنْهُ ،فسألُوهُ عَنْ سَبَبِ خُرُوجِه فِي هَذا الوَقْتِ؟ فَقال عُمَرُ: لَقَدْ أَخْرَجَني الجُوعُ!

وكانَ رَسُولُ اللهِ وأبوبكْرٍ قَد أَخْرَجَهُما الجُوعُ كَذلِكَ. فقالَ النَّبِيُّ: انْطَلِقُوا إلى مَنْزِلِ أبي الهَيْثَمِ، وكانَ رَجُلاً كَثيرَ النَّخيلِ. ولَقِيَهُما أَبُو الهَيْثَمِ وأَسْقاهُما ماءً عَذْباً وأَطْعَمَهُما مِنَ التَّمَرِ والرُّطَبِ، فَأَكَلُوا حَتَّى شَبِعُوا، وما إنْ انْتَهَوْا حَتَّى قالَ صلَّى الله عليه وسلَّمَ:"هَذا والَّذي نَفْسي بِيدِهِ مِنَ النَّعيمِ الَّذي تُسْألُونَ عَنْهُ يَوْمَ القِيامَةِ، ظِلٌّ بارِدٌ، ورطَبٌ طَيِّبٌ، وماءٌ بارِدٌ ... إلى آخِرِ الحَديثِ الشَّريفِ".

<table>
<tr><td rowspan="8">الأسئلة</td><td>1- عَنْ أَيِّ شَيْءٍ تَحَدَّثَ الإمامُ؟</td></tr>
<tr><td>2- لِماذا خَرَجَ النَّبِيُّ مِنْ بيْتِهِ؟</td></tr>
<tr><td>3 – مَنْ قابَلَ الرَّسُولُ الكَريمُ في طَريقِهِ؟</td></tr>
<tr><td>4- إلى أَيْنَ انْطَلَقَ الثَلاثَةُ الكِرامُ؟</td></tr>
<tr><td>5- لِماذا انْطَلَقُوا إلى مَنْزِلِ ذَلِكَ الرَّجُلِ؟</td></tr>
<tr><td>6- ماذا قَدَّمَ لَهُم مِنْ طعامٍ؟</td></tr>
<tr><td>7- ماذا قالَ رَسُولُ اللهِ عَلَيْهِ الصَّلاةُ والسَّلامُ؟</td></tr>
<tr><td>8- عَنْ أَيِّ شَيْءٍ سَوْفَ يَسْألُنا اللهُ عَزَّ وجَلَّ يَوْمَ القِيامَةِ؟</td></tr>
</table>

1-

١- تَحَدّثَ الإمامُ عن قصة النبي وأصحابه الذين أخرجهم الجوع..

٢- خَرَجَ النّبيُّ مِنْ بيتِهِ بحثاً عن طعام.

٣ – قابَلَ الرَّسُولُ الكَريمُ في طَريقِهِ عمر بنَ الخطّابِ.

٤- انْطَلقَ الثَّلاثَةُ الكِرامُ إلى بيت أبي الهيثَم.

٥- انْطَلَقُوا إلى مَنْزِلِ ذَلِكَ الرَّجُلِ لأنه عنده نخلٌ وماء وطعام.

٦- قَدَّمَ لَهُم مِنْ طَعامٍ تمراً ورُطَباً وماء.

٧- قالَ رَسُولُ اللهِ عَلَيْهِ الصَّلاةُ والسَّلامُ: هذا واللهِ من النعيم الذي سوف تُسألونَ عنه.

٨- سَوْفَ يَسألُنا اللهُ عَزَّ وجَلَّ يوْمَ القيامَةِ عن النعيم.

[2] Fill in the blanks using either **هَذِه** (F) or **هَذا** (M) or **هَؤُلاء** for plural

يطلب من التلاميذ أنْ يمْلأوا الفَراغَ (هذا) للمُذَكَّر أو (هَذِهِ) للمُؤنَّث أو (هؤُلاء) للجَمْع

ويعْمَلُوا تَماماً كَما في المِثال التالي:

مثال

- .... الإمامُ عَلَى المِنْبَرِ   هَذا هُوَ الإمامُ عَلَى المِنْبَرِ.

- ....الَّذينَ أَلْهاهُمُ التَّكاثُر   هؤُلاء هُمُ الَّذينَ أَلْهاهُمُ التَّكاثُر.

- هذه هيَ سُورَةُ "التَّكاثُر".

- هؤُلاء هُم الَّذينَ سَوْفَ يَسألَهُمُ اللهُ عَنْ النَّعيمِ.

- هذا هوَ نَوْعٌ مِنَ التَّكاثُرِ في الحَياةِ الدُّنْيا.

- الإسْرافُ في الطَّعامِ والشَّراب هذا هوَ النَّعيمُ الَّذي نُسْألُ عَنْهُ يَوْمَ القيامَةِ.

- نَعَمْ هذا هوَ عَيْنُ اليَقينِ.

أَسالِيبُ وتَراكِيبُ جَدِيدَةٌ

Make exactly as it يطلب من التلاميذ أن يعملوا تماماً كما في المثالِ التالي :

shown in the example below.

[أَنا أُحافِظُ عَلَى النِعْمةِ، وهَذا هُوَ .... الإيمانِ] (عَيْنُ)

[أَنا أُحافِظُ عَلَى النِعْمةِ، وهَذا هُوَ **عَيْنُ** الإيمانِ]

ـ بَعْضُ المُسْلمِينَ يُسْرِفُونَ في رَمَضانَ، وهَذا هُوَ **عَيْنُ** الإسْرافِ.

ـ المُسْلمُونَ يُكْرِمُونَ الفُقْراءَ في رَمَضانَ، وهَذِهِ هُوَ **عَيْنَ** الكَرَمِ.

ـ كَثِيرٌ مِنَ التَّلامِيذِ يَعْمَلُونَ واجباتِهِم أَوَّلاً بِأَوَّلَ، وهَذا هُوَ **عَيْنُ** الاجْتِهادِ.

ـ بَعْضُ النّاسِ يُحِبُّونَ المالَ حُبّاً جَمّاً، وهَذا هُوَ **عَيْنُ** التَكاثُرِ.

ـ المُسْلِمُ يَنْهى عَنِ الفَحْشاءِ والمُنْكَرِ، وهَذا هُوَ **عَيْنُ** الأَمْرِ بِالمَعرُوفِ والنَّهْيِ عَنِ المُنْكَرِ.

Classwork تَدْرِيبٌ صَفِّيٌّ

[4] -Listen carefully to your teacher and write down in the boxes *[The* يستمِعُ التلاميذُ إلى الكَلماتِ و يكتبونها *teacher will dictate from the original text]*

_[5]   Find out the root of the word يطلب من التلاميذ أنْ يسْتَخْرِجُوا جذْرَ الكَلمِة

" لَتُسْأَلُنَّ "   (سَأَلَ)

[6] يطلب من التلاميذ أنْ يعْمَلُوا مِنْ حُرُوفِ جَذْرِ الكَلِمِة السّابِقِة كلماتٍ جديدةً ويضَعُوها فِي المكان الخالي:

ـ هَذا .... صَعْبٌ جداً لَمْ أجِبْ عَنْهُ فِي الامْتِحانِ.

هَذا <u>سُؤَالٌ</u> صَعْبٌ جِداً لَمْ أجِبْ عَنْهُ فِي الامْتِحانِ.

ـ هَذانِ الطّالِبانِ يَسْألانِ دائماً عَنْ كُلِّ صَغِيرَةٍ وكَبِيرَةٍ.

ـ إذا ماتَ ابْنُ آدَمَ فَإنَّ مَلَكَيْنِ يُجْلِسانِهِ و يسْألانِهِ.

ـ هُناكَ سُورَةٌ فِي القُرآنِ الكَرِيمِ أوَّلُ كَلِمَتَيْنِ فِيها (الجَذْرُ نَفْسُهُ) سَألَ سائلٌ.

ـ والِدِي يَعْمَلُ فِي مَصْنَعٍ كَبِيرٍ فِيهِ مُدراءُ ومسؤولونَ كَثِيرُونَ؟

ـ كَثِيرٌ مِنَ النَّاسِ فُقَراءُ ولا يَمُدّونَ أَيْدِيَهُم لِسُؤالِ النَّاسِ تَعَفُّفاً؟

[7] -Conjugate the verb يزورُ with the pronouns: يطلب من التلاميذ أنْ يصَرّفوا الفعل مع الضَمائر

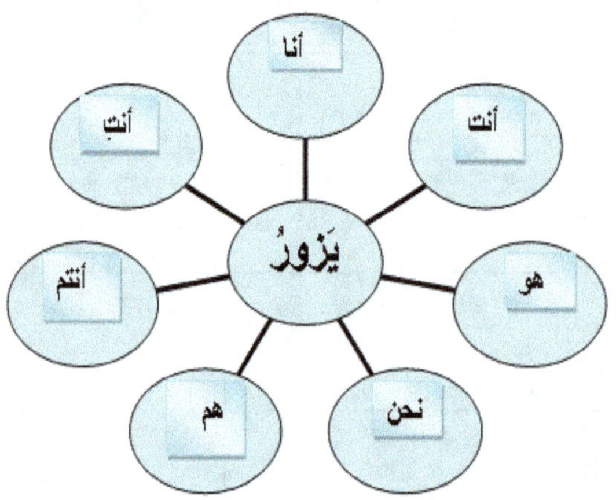

أنا أزورُ- أنتَ تزورُ- أنتِ تزورِينَ- هو يزورُ- أنتم تزورون- نحنُ نزورُ- هم يزورونَ.

يصلُ التلاميذ ما بين الجُمَل والمفردات
ليكوَنوا عبارات ذات معنىً

- Match the words with the meanings on the other-side

شِرْكٌ بِاللهِ	(1)	(4)	سُورَةُ التكاثِرِ
و لَتُسْأَلُنَّ عن النعيِم	(2)	(6)	التكاثُرُ
حتى زُرتُّمُ المقابرَ	(3)	(1)	عبادةُ المالِ
سُورةٌ مَكِّية	(4)	(5)	لَتَرَوُنَّ الجَحِيمَ
عَيْنُ اليَقينِ	(5)	(2)	نزلَتْ السُورةُ لِتقُولَ لَنا
Pilling Up the money and children (6)		(3)	ألهاكُمُ التكاثُرُ

يطلب من التلاميذ أنْ يقْرَأوا ويمْلأوا الفَراغَ بِكلِماتٍ مِنَ النَّصِّ التالي [9]
Read and fill in the blanks from the word bank

المُتَواضِعُ- جِبالُ- دارِهِ - خُلُقِهِ- هَؤُلاءِ- أَرْضاهُم- الجُوعُ

ما أَخْرَجَ النَّبِيُّ مِنَ دارِهِ إلاَّ الجُوعُ . وكَذلِكَ فَعَلَ أَبُو بَكْرٍ وعُمَرُ رضِيَ اللهُ عَنْهُما.

هَذا هُوَ رَسُولُ اللهِ ﷺ الانْسانُ المتواضعُ في شَخْصِهِ والكَريمُ في خُلُقِهِ، وهُوَ الَّذِي لَوْ طَلَبَ أَنْ تَكُونَ جِبالُ مَكَّةَ ذَهَباً وفِضَّةً لَجَعَلَها اللهُ كَذلِكَ. هَذا هُوَ رَسُولُ اللهِ صَلَّى اللهُ عَلَيْهِ وسَلَّمَ ، وهَؤُلاءِ هُمْ أَصْحابُهُ الأَجِلاَّءُ رَضِيَ اللهُ عَنْهُم وأرضاهُم.

بـ (1) نَزَلَتِ السُّورةُ لِيُشْكُرَ النَّاسُ رَبَّهُم (2) لِتَمْنَعَ الإسْرافَ والتَّبْذيرَ (3) الإجاباتُ كُلُّها صَحيحَةٌ.

جـ (1) الجوعُ هُوَ الَّذي أَخْرَجَ رَسُولَ الله (2) خَرَجَ الصَّحابةُ لِلِقاءِ النَّبيّ صلى الله عليه وسلَّمَ (3) الجوعُ هُوَ الَّذي أَخْرَجَهُم جَميعاً.

دـ (1) السُّورةُ نَزَلَتْ في المَدينةِ (2) السُّورةُ نَزَلَتْ في مَكَّةَ بعدَ الهِجرةِ (3) السُّورةُ نَزَلَتْ قَبْلَ الهِجْرةِ.

وـ (1) الاتِفاقُ كان أَنْ يَذْهَبَ الجَميعُ إلى أَبي الهَيْثَم (2) الاتِفاقُ كان أَنْ يَبْحَثَ الجَميعُ عَنْ طَعامٍ (3) جَميعُ الإجاباتِ صَحيحَةٌ.

[11] يطلبُ من التلاميذِ أَنْ يعْمَلُوا كَما في المِثالِ التالي :

[11] مُفْرَداتٌ تَعَلَّمْتُها وأسْتَذْكِرُها

Find the singular of the words below e.g: أكْتُبُوا مُفْرَدَ الجُمُوعِ التاليةِ

الكافِرُونَ ⟵ | كافِرٌ |

يطلب من التلاميذ أَنْ يكْتُبُوا مُفْرَدَ الجُمُوعِ التاليةِ:

المَساكين	مُتَكاثِرُونَ	عالِمُونَ	المَقابِرُ
مِسكينٌ	متكاثِرٌ	عالِمٌ	قَبْرٌ

يطلبُ من التلاميذ أنْ يكْتُبوا عَكْسَ أو ضِدَّ الكَلِماتِ التاليةِ:

عالِمُون	مُسْرِفُون	المَساكِين
جاهِلون	مُقْتَصِدون	أغنِياءُ

Crossword Game

Crossword Game **12**

3 د	2 ك	1 أ
6 م	5 ث	4 ل
9 ل	8 ي	7 هـ
	11 ر	10 ى

Distracted = 1-4-7-10

Ephesized / Confirmed = **1-2-3**

Kissed = 4-5-6

Hale for Arabic coffee = 7-8-9

Too much = 2-5-8-11

See = 10-11

Made the eye blind = 3-6-9

www.ingramcontent.com/pod-product-compliance
Lightning Source LLC
Chambersburg PA
CBHW081152130726
47996CB00009B/3088